現場で役立つ会話術

LEC東京リーガルマインド講師　木梨美奈子

保育で使える言葉がけ

シーン別実例250

つちや書店

は じ め に

　保育士の仕事は、子どもを預かり、子どもの世話を
するだけではありません。保育士には、子どもの成長
に合わせて、食事や睡眠、排せつ、衣類の着脱などの
基本的な生活習慣を身につけさせる責任があります。そ
して、さらに子どもの心身の発達を促し、社会性を養
う役割も担っています。

　保育士がこれらの役割を果たしいくためには、保育
のスキルを向上させることは当然ですが、子どもとの
信頼関係、保護者との信頼関係を築くことも重要です。

　子どもが保育士を信頼していれば、子どもは楽しく
充実した保育所生活を送ることができます。その結果、
保育士は子どもの様々な能力を伸ばすことができます。

　また、保護者も保育士を信頼すれば、保育士に心を
開いて子育てに関する悩みを相談することができます。
その結果、保育士は子どもの事情を把握して、より質
の高い保育を実現することができます。

　では、保育士が子どもと保護者との双方に信頼関係
を築くためには、保育士は普段からどのようなことに

気を付ければよいのでしょうか。それは、保育士自身の「行動」と「言葉」にほかなりません。

　本書では、「言葉」の部分において、保育現場の様々な状況で、どのような言葉がけをすればよいかをシーン別に250の実例を挙げて説明しています。子どもや保護者の他、職場の保育士仲間（上司、同僚、後輩）との様々な状況を想定して、言葉がけの事例を紹介しております。

　保育士に相応しい言葉がけは、一朝一夕に身に付くものではありません。日々の保育活動の中で、実際に自分の「言葉がけ」を振り返りながら積み上げていくものです。

　保育士の皆さまが、言葉がけの引き出しを一段でも多く積み上げ、保育士としての「言葉がけ」に自信をもって保育の業務をこなしていただけますよう、本書がお役に立てれば幸いです。

木梨美奈子

本書の使い方

本書では、保育現場で役に立つ基本的な言葉がけについて、
さまざまなシーンや相手のタイプ別に紹介しています。具体的な
状況をイメージしながら、実際に声にだして練習しましょう。

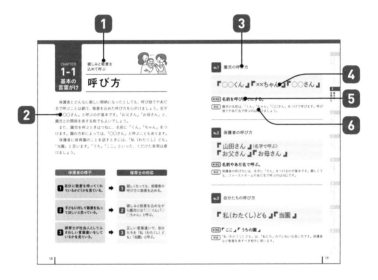

1 保育現場のシーンと相手のタイプを示しています。

2 保育現場の状況と問題点、留意すべきことを解説しています。

3 具体的な言葉がけのシーンです。

4 言葉がけのお手本例です。

5 対応しがちなNG例です。

6 解説と注意すべき事項についての説明です。

Introduction

保育のコミュニケーションの基本

保護者とコミュニケーションを図るときは、
相手への敬意を表す必要があります。
そのための心がまえと
基本的なマナーを確認しましょう。

苦手意識をもたず
積極的なコミュニケーションを

言葉がけの心がまえ

　保育の仕事では、園児、保護者、スタッフとのコミュニケーションが重視されます。それは、相手と話がかみ合わないことをきっかけに信頼関係が揺らいでしまうと、アクシデントやトラブルが起こりやすくなるためです。そのため、特に保護者とは積極的にコミュニケーションをとり、保育に活かしていく必要があります。

　話すことに苦手意識をもっていたり、保護者の態度に不安を感じてしまうとコミュニケーションをとりにくくなってしまうこともありますが、保育士と保護者は、ともに協力し合って子どもを見守る存在です。どんなに些細なことでも、子どもの成長や保護者の変化に注意を払い、会話することを心がけましょう。

毎日のコミュニケーションを大切に

コミュニケーションは、日々の積み重ねが大切です。
明るく気持ちのよいあいさつから始めましょう。

保護者への言葉がけのポイント

1 相手を知る

表情やしぐさ、言葉、姿勢などから、相手の立場や状況を把握しましょう。気づかいを伝えられるだけでなく、会話のきっかけを見つけることができます。

2 敬意をもって話す

仕事と子育てで忙しい保護者の気持ちに寄り添いながら、失礼のない言葉遣いを心がけましょう。親しくなっても、なれなれしい対応はNGです。

3 喜怒哀楽を分かち合う

保護者とは、日々、保育で感じたエピソードを共有し、感動を分かち合います。その結果、子どもを支えるパートナーとしての連帯感を深められます。

4 聞き上手になる

自分ばかりが話すのではなく、保護者の話に耳を傾けましょう。あいづちをうまく使い、相手の気持ちに共感しながら話を聞くようにします。

5 話しやすい雰囲気を作る

話を聞くときは作業中でも手を止め、保護者が「この人は私の話を聞いてくれる」と思える雰囲気を作り、コミュニケーションを深めましょう。

6 「待つ」ことを大切にする

自分の考えていることをなかなか言いだせない保護者には、「いつでも話してくださいね」と声をかけ、自発的に話してくれるまで待ちましょう。

身だしなみや表情に
気をつける

基本的なマナー

　保護者とのコミュニケーションにおいて、言葉がけは重要な役割を果たしますが、基本的なマナーを守ることも大切です。常に保護者に見られていることを意識し、適切な身だしなみと行動を心がけましょう。たとえば、身だしなみを整えることで清潔感と安心感が保護者に伝わり、信頼を得やすくなります。

　また、話すときや聞くときに無表情だったり、ぶしつけな態度をとっていては、よいイメージを抱かれないだけでなく、「私を嫌いなのでは？」と保護者を不安にさせてしまいます。表情はマスクを付けた状態でも伝えることを意識して少し大げさに笑ったり、うなずく回数を増やすようにしましょう。

「おしゃれ」と「身だしなみ」の違い

　おしゃれとは、好きな服装やメイクを用いて自分を表現できる身なりをすることです。一方、身だしなみは、まわりの人を不快にさせない、その場に適した身なりに整えることをいいます。

おしゃれ

自分の好きなファッションを楽しむ。

身だしなみ

相手に不快感を与えない身なりをする。

マナー❶
身だしなみ

保護者に信頼と好感を抱いてもらえるよう、保育士としてふさわしい清潔感のある身だしなみを心がけましょう。

髪
髪で顔が隠れないようにする。長い髪は後ろで結ぶ。

顔
ナチュラルメイクが基本。

爪
短く切りそろえる。マニキュアはしない。

顔
男性はひげを剃る。

アクセサリー
原則、なにも付けない。

におい
香水は付けない。香り付き柔軟剤の使用は避ける。喫煙者は、たばこのにおいに注意する。

1 基本の言葉かけ
2 子どもへの声かけ
3 子どものことを伝える
4 保護者との対話
5 保護者からの相談
6 困ったときの対応
7 スタッフとのコミュニケーション

マナー❷
表情

マスクをしていても、園児や保護者に対して
あたたかい気持ちを自然に表現できるよう、
練習しましょう。

●おだやかに見える表情

目尻を下げる

視線は相手
の目元に

口角を上げる

●マスクをしているとき

目尻と眉を
より下げる

ふだんの笑顔よりも意識して目尻を
下げると、マスクをしていても笑っ
ていることが相手に伝わりやすくな
ります。

うなずく

マスクをしていると言葉が伝わり
にくいので、声をはっきりとだす
ことはもちろん、あいづちは大き
くうなずくようにしましょう。

それで…

マナー❸
保護者との
コミュニケーション

保護者の話を聞くときは、相手の立場になり、言葉にしていない気持ちを理解する努力も必要です。

言葉の裏にある保護者の心情を考える

保護者とコミュニケーションをとるときには、保護者の言葉をこちらの価値観だけで判断してはいけません。「なぜそのようなことを言うのか」を考え、相手の生活の実態や状況に目を向けましょう。

うちの子、元気いっぱいで……

たとえば……

子どもをもっと園でしつけてください！

❌ しつけを押しつけるなんて、ひどいなぁ

保育士の観点で考えると、被害者意識が生まれてしまいます。

このように考えましょう！

⭕ 家でしつけをできない事情があるのかもしれない

保護者がなぜそのようなことを言うのかを、まずは考えてみましょう。

傾聴する

保護者の話を最後まで聞き、その気持ちに共感することで、保護者が抱える問題と状況を正しくつかむことができます。

●傾聴のポイント

話をさえぎらない

話の途中で伝えたいことがあったとしても、保護者の話を最後まで聞くことが大切です。その後、自分の話を始めましょう。

うなずき・あいづちをする

ただ聞いているだけでは、保護者は「本当に話を聞いてもらえているのか」と不安になります。会話に合ったうなずきやあいづちをしましょう。

否定的な意見は言わない

「それは違う」といった否定的な意見は述べずに、「そうなんですか」「大変でしたね」など、相手に共感する反応を心がけましょう。

●傾聴しながら相手を知る

それは大変でしたね

共感することで相手を安心させる

保護者の気持ちに共感する言葉を返すことで、「自分の気持ちをわかってもらえた」と安心してもらえます。

相手の言葉をくり返して確認

重要に感じられた内容をくり返すことで、自分が把握した内容に間違いがないか、保護者に確認してもらうことができます。

○○ちゃんが嫌だと言ったのですね

マナー**⑤**
クッション言葉を使う

言いにくい話を切りだすときに使う、相手への衝撃をやわらげる、まさに「クッション」としての働きをする言葉です。

保護者へのお願いを唐突に伝えると、乱暴に聞こえてしまうことがありますが、そこにクッション言葉を加えることで、こちらの心苦しさが伝わり、相手に受け入れてもらえやすくなります。

プリントを提出してください ✕

お手数ですが、プリントの提出をお願いします ◯

代表的なクッション言葉

お願い・尋ねるとき

- 申し訳ございませんが
- お手数ですが
- よろしければ
- 差し支えなければ
- 〜と助かります
- 〜いただけないでしょうか?
- 〜願えませんか?
- 〜してもよろしいでしょうか?

断る・詫びるとき

- 申し訳ございませんが
- せっかくではございますが
- 大変残念ですが
- 心苦しいのですが
- 失礼ですが
- ご容赦ください
- 〜いたしかねます
- お役に立てず、申し訳ございません

話題に困ったら
「木戸に立てかけし衣食住」

　保護者との会話で、話題に困ってしまうことはありませんか？そんなときは「木戸に立てかけし衣食住」で考えてみましょう。これは、どんな相手に対しても話題にできるテーマの頭文字をとったものです。

木（き）……気候や季節の話。「もうすぐお花見の季節ですね」

戸（ど）……道楽（趣味）の話。「音楽がお好きなんですか？」

に……………ニュースの話。「ロケットの打ち上げ、すごかったですね！」

立（た）……旅の話。「家族旅行、いかがでしたか？」

て……………天気の話。「寒い日が続きますね」

か……………家族の話。「○○くんのおじいちゃんは青森にいらっしゃるんですね」

け……………健康の話。「健康のためにジョギングを始めたんです」

し……………仕事の話。「外回りだと、暑い日は大変ですね」

衣……………ファッションの話。「春らしい色のスカート、すてきですね」

食……………食べ物の話。「最近話題のスイーツ、食べてみたんです」

住……………住まいの話。「おうちの近くに桜の名所がありますよね？」

CHAPTER

1

基本の
言葉がけ

あいさつや応答は言葉がけの基本です。
保護者への敬意と思いやりを忘れずに、
気持ちのよい対応を心がけましょう。

親しみと敬意を
込めて呼ぶ

呼び方

　保護者とどんなに親しい間柄になったとしても、呼び捨てやあだ名で呼ぶことは避け、敬意を込めた呼び方を心がけましょう。名字で「○○さん」と呼ぶのが基本です。「お父さん」「お母さん」と、園児との関係を表す名称でもよいでしょう。

　また、園児を呼ぶときはつねに、名前に「くん」「ちゃん」をつけます。園の方針によっては、「○○さん」と呼ぶこともあります。

　保護者に保育園のことを話すときには、「私（わたくし）ども」「当園」と言います。「うち」「ここ」といった、くだけた表現は避けましょう。

保護者の様子	保育士の対応
1 自分に敬意を持ってくれているかどうかを見ている。	**1** 親しくなっても、保護者の呼び方に敬意を込める。
2 子どもに対して敬意を払ってほしいと思っている。	**2** 親しみと敬意を込めながら園児には「○○くん」「○○ちゃん」と呼ぶ。
3 保育士が社会人としてふさわしい言葉遣いをしているかを見ている。	**3** 正しい言葉遣いで、自分たちを「私（わたくし）ども」「当園」と呼ぶ。

保育のコミュニケーションの基本

1 基本の言葉がけ

2 子どもへの言葉がけ

3 子どものことを伝える

4 保護者との対話

5 保護者からの相談

6 困ったときの対応

7 スタッフとのコミュニケーション

No.1 園児の呼び方

「○○くん」「××ちゃん」「○○さん」

×NG 名前を呼び捨てにする。

解説 園児の名前は、「くん」「ちゃん」「○○さん」をつけて呼びます。呼び捨てやあだ名で呼ぶのは避けましょう。

No.2 保護者の呼び方

「山田さん」(名字で呼ぶ)
「お父さん」「お母さん」

×NG 名前やあだ名で呼ぶ。

解説 保護者の呼び方には、名字に「さん」をつけるのが基本です。親しくても、ファーストネームやあだ名で呼ぶのはNGです。

No.3 自分たちの呼び方

「私(わたくし)ども」「当園」

×NG 「ここ」「うちの園」

解説 「私(わたくし)ども」は、「私たち」のていねいな言い方です。保護者など敬意を表すべき相手に使います。

保護者との
関係作りの第一歩

あいさつ

あいさつはコミュニケーションの基本ですが、「あなたを気にかけています」という自分の気持ちを相手に伝える方法のひとつでもあります。たとえ初対面でも笑顔であいさつすることで、相手の緊張をほぐすことができます。

あいさつは、どんな相手にも分け隔てなく行うことが基本です。あいさつを返さない人に対してもこちらからは必ずあいさつをするようにして、話しやすい雰囲気を作りましょう。

また、あいさつのときに「雨続きで大変ですね」など、天気や行事などのお互いに共通する話題を加えることで、会話が弾みやすくなります。

保護者の様子		保育士の対応
1 初対面の保育士に緊張している。	➡	**1** にこやかにあいさつと自己紹介をして、相手の緊張をほぐす。
2 雨の日の登園が大変だと感じている。	➡	**2** あいさつに、登園への気づかいの言葉を添える。
3 お迎えが遅れてしまうことが後ろめたい。	➡	**3** 遅れてきた保護者にも、まずは笑顔であいさつをする。

保育のコミュニケーションの基本

1 基本の
言葉がけ

2 子どもへの
言葉がけ

3 子どものこ
を伝える

4 保護者との
対話

5 保育者からの
相談

6 困ったときの
対応

7 スタッフとの
コミュニケーション

No.4 自己紹介をする

「 保育士の新宿花子と申します。よろし
くお願いします 」

×NG 「 新宿花子です 」

解説 自己紹介をするときは、ただ名乗るだけでなく、保育士であることを付け加えます。役職名があればいっしょに伝えましょう。

No.5 新人の保育士のあいさつ

「 はじめてのことばかりで至らない点も
ございますが、よろしくお願いします 」

×NG 「 たぶん大丈夫です 」

解説 新人としての謙虚な姿勢を示したうえで、保護者から指導をあおぎたい気持ちも表しましょう。

No.6 朝のあいさつ①

「 山田さん、おはようございます 」

×NG 「 おはよう 」

解説 「あなたに対してあいさつをしています」という気持ちを分かってもらうために、あいさつは、保護者の名前から始めます。

No.7 朝のあいさつ②

「 おはようございます。毎日、雨続きで
お日さまが恋しいですね 」

×NG あいさつしかしない。

解説 あいさつには身近な話題を付け加えます。気候、季節の行事といった共通の話題を取り上げるとよいでしょう。

No.8 朝のあいさつ③

「 雨の中、大変でしたね 」

×NG 通園の大変さへの気づかいがない。

解説 天気が悪い日は、家での準備や通園に時間がかかるものです。そんな保護者の大変さを気づかう言葉をかけましょう。

No.9 子どもを預かるとき

「 ○○ちゃんをお預かりします。いってらっしゃい 」

×NG 子どもを物のように扱う。

解説 子どもを預ける保護者の寂しさや不安をやわらげるために、子どもの名前をだして「確かにお預かりします」と伝えましょう。

No.10 子どもをお迎えにきた保護者に①

「 お迎え、ありがとうございます 」

×NG 「 やっと来ましたね 」

解説 お迎えがどんなに遅れたとしても、保護者には迎えに来てくれたことへの感謝を伝えましょう。

No.11 子どもをお迎えにきた保護者に②

「 お仕事、お疲れさまでした 」

×NG 「 お疲れでーす 」

解説 仕事帰りにお迎えに来た保護者には、労わりの言葉を伝えます。相手の仕事内容にふれる必要はありません。

No.12 子どもをお迎えにきた保護者に③

(子どもといっしょに)「 おかえりなさい 」

×NG 子どもにあいさつをさせない。

解説 保護者は子どもを迎えに来ているのですから、お迎えのあいさつは子どもとともに行いたいものです。

傾聴しながら
話の内容をつかむ

応 答

　応答は、相手に「あなたの話を聞いています」と、伝えるための大切な行動です。声をかけられたら、すぐに「はい」と返事をしましょう。

　保護者の話に応答するときは、相手の話の内容を正しく受け止め、理解しようとする努力が必要です。十分に話を聞いたあとに、「○○くんが嫌がっているのですね」と保護者の言ったことをくり返したり、「それはつまり、××が原因ということでしょうか？」と要約することで、こちらが捉えた内容が正しいかを確認してもらうことができます。また、話が長くなりそうなときは無理に断ち切ったりせず、後日、改めて話をする機会を設けることを提案しましょう。

保護者の様子		保育士の対応
1 話をしっかり聞いてほしい。	➡	**1** 保護者の話した内容をくり返すなどして、傾聴していること示す。
2 自分の話が正しく伝わっているか不安。	➡	**2** 「○○ということですね?」と内容を確認しながら話を聞く。
3 もっとじっくり話したい。	➡	**3** 後日、話を聞く機会を設けることを提案する。

保育のコミュニケーション の技術

1
基本の
言葉がけ

2
子どもへの
言葉がけ

3
子どもごと
を伝える

4
保護者との
対話

5
保護者からの
信頼

6
困ったときの
対応

7
スタッフとの
コミュニケーション

No.13 保護者の話を聞くとき①

『 ○○くんが××と言っているのですね 』

×NG ただ黙って聞いている。

解説 聞いたことをくり返すことで、保護者に「話を聞いてもらえた」「気持ちをわかってもらえた」と安心してもらえます。

No.14 保護者の話を聞くとき②

『 つまり、○○ということですね 』

×NG 『 ふーん、そうですか 』

解説 話の内容を要約する応答を会話の合間に入れることで、こちらの解釈に間違いがないかを保護者に確認してもらうことができます。

No.15 保護者からの依頼を受ける

『 かしこまりました 』『 承知しました 』

×NG 『 わかりました 』

解説 よく用いられる「了解しました」には敬意が含まれないため、保護者への応答としてはふさわしくありません。

No.16 話が長くなりそうな保護者に①

「教えていただき、ありがとうございます」

×NG「もういいです」

解説 話してくれたことに対して感謝を示し、話の区切りをつけましょう。「時間のあるときに、また教えてください」と伝えてもよいでしょう。

No.17 話が長くなりそうな保護者に②

「またなにかございましたら、教えてください」

×NG「はいはい」「わかりました」

解説 「話したいことがあれば、いつでも私がうかがいます」という気持ちを伝えながら、保護者が納得して話を終えられるようにしましょう。

No.18 話が長くなりそうな保護者に③

「そのお話はくわしく伺いたいので、連絡帳に書いて教えていただけますか?」

×NG「それ、あとでいいですか?」

解説 「大切な話だからこそ、立ち話で済ませたくない」という気持ちが伝わる表現です。

保育のコミュニケーションの基本

1
基本の
言葉がけ

2
子どもへの言葉がけ

3
子どもの心を伝える

4
保護者との対話

5
保育者からの相談

6
めったときの対応

7
スタッフとのコミュニケーション

No.19 話が長くなりそうな保護者に④

『今度、その話を伺う機会を作りますね』

×NG 『簡単に言うと、どういうことですか？』

解説 立ち話で話せる内容には限度があります。しっかり話を聞く機会を作り、保護者の気持ちに寄り添いましょう。

保育園での電話対応

電話では相手の顔（表情）が見えないこともあり、対応に苦手意識を持つ保育士は多いものです。しかし、欠席の連絡を受けるなど、電話対応は保育園での大切な日常業務のひとつですから、基本的なフレーズを覚えておきましょう。

● 朝、保護者から電話がきたとき

さくら組の○○さんですね。おはようございます。

● 病欠の連絡を受けたとき

お大事になさってください。

● 保護者からの連絡に対して

ご連絡いただき、ありがとうございました。

あいづち

　保護者の話を聞いているときに無言のままでは、「本当に話を聞いてくれているのか」と相手は不安になってしまいます。必ず適度にあいづちをして、「あなたの話を聞いています」という姿勢を示しましょう。ただし、「はい」「ええ」と同じようなあいづちをくり返していては、聞き流していると思われてしまうことがあります。話の内容や保護者の表情に合わせて、うれしさや驚き、悲しみといった感情を表すあいづちを心がけましょう。

　また、あいづちには話を引きだす効果もあります。相手が話しにくそうにしている場合は、「それからどうなったのですか？」と、あいづちをしながら話の続きを促しましょう。

保護者の様子	保育士の対応
1 本当に話を聞いてくれているのか不安。	**1** あいづちをして、話を聞いている姿勢を示す。
2 自分の話に共感してほしい。	**2** 話の内容に合わせて、同意を示すあいづちをする。
3 話したいことがあるが、うまく伝えられない。	**3** 話の続きを促すあいづちをする。

保育のコミュニケーションの基本

1 基本の言葉がけ

2 子どもへの言葉がけ

3 子どものことを伝える

4 保護者との対話

5 保護者からの相談

6 困ったときの対応

7 スタッフとのコミュニケーション

No.20 同意のあいづち①

『 私もそう思います 』

×NG 『 そうかなぁ 』

解説 保護者の話に同意・納得していることを示し、さらに会話を引きだすためのあいづちです。

No.21 同意のあいづち②

『 確かにおっしゃるとおりです 』

×NG 『 ですよね〜 』

解説 保護者の発言に同意を示すあいづちです。自分の考えと違う場合でも、まずは理解を示しましょう。

No.22 同意のあいづち③

『 お気持ち、よくわかります 』

×NG 『 ふーん 』

解説 「私はあなたの気持ちを理解しています」という思いを伝えるあいづちです。保護者の話に、明確な同意を示したいときに用いましょう。

No.23 驚きを表すあいづち

「 まぁ、そうだったんですね 」

✕NG 「 マジで？ 」

解説　保護者の話に驚きを示すあいづちです。よい意味での驚きには「それは
びっくりですね」と明るく答えてもよいでしょう。

No.24 称賛のあいづち①

「 それはよかったですね 」

✕NG 「 よかったね 」

解説　保護者のよろこびに共感するときに用います。少々大げさによろこんだ
ほうが、共感の気持ちが伝わりやすくなります。

No.25 称賛のあいづち②

「 さすが、○○さんですね 」

✕NG 「 すごーい 」

解説　自慢話にもしっかり耳を傾け、保護者を称賛する気持ちを伝えましょう。
相手の名前をだして褒めることが大切です。

保育のコミュニケーション基本

1 基本の言葉がけ

2 子どもへの言葉がけ

3 子どものことを伝える

4 保護者との対話

5 保護者からの相談

6 困ったときの対応

7 スタッフとのコミュニケーション

No.26 話を引きだすあいづち①

『 それからどうなったのですか？ 』

×NG 『 それで？ 』

解説 「話の続きを知りたい」という気持ちを伝えるあいづちです。話が途切れそうなときに使うこともできます。

No.27 話を引きだすあいづち②

『 なにかあったのですか？ 』

×NG 『 どうしたの？ 』

解説 保護者がなにか言いだしにくそうにしているとき、話を引きだすために用います。

あいづちにうなずきをプラス

会話にはあいづちが欠かせませんが、同時にうなずくことも大切です。あいづちに合わせて小さくうなずくことで、「あなたの話を聞いていますよ」と伝えることができます。また、相手の気持ちへの共感を示すときは、ゆっくり大きくうなずくとよいでしょう。

そうだったんですか

苦手なタイプの
保護者との会話

　保護者の中には話しやすい人もいれば、「ちょっと苦手だな」と感じられる人もいるでしょう。しかし、苦手だからといって会話を避けていると、いつの間にか距離が生まれ、保育に影響が出てしまうことがあります。また、保護者のほうも「この先生は私のことが嫌いなのだろう」と感じ、保育への協力を見せなくなってしまうものです。

　仕事として保護者と向き合うからには、好き・嫌いを超えて対話しなければなりません。時には、保護者の相談にのったり支援をしたりすることも必要ですから、相手を理解し受け止める姿勢が大切です。それにはまず、相手の考えや価値観を認め、自分の意見を押しつけないことです。どんな保護者に対しても、尊重すべき一人の人間として認めるところから始めましょう。

苦手なタイプの保護者でも、園児の様子などを話題にして、積極的に話しかけてみましょう。

2

子どもへの
言葉がけ

子どもの気持ちと選択を尊重することが
園児への言葉がけには必要です。
わかりやすい言葉で、次の行動の準備が
立てられるような声がけをしましょう。

子どもの体調と
機嫌を確認する

登 園

　登園してくる園児に対し、まず保育士が明るく元気なあいさつを
しましょう。元気なあいさつが返ってくるようであれば問題ありま
せんが、返事がなかったり、声が小さい場合には注意が必要です。
照れているだけなのか、園で過ごすことになにか問題を抱えている
のかを確認しましょう。

　また、すでに登園して遊んでいる友達に目を向けさせ、保護者と
の別れの悲しさを引きずらないように言葉をかけましょう。泣きな
がら登園してきたり、保護者と離れたがらない子には、「悲しいよ
ね」「ママがいいよね」などと共感する言葉をかけて、寄り添うこ
とが大切です。

子どもの様子		保育士の対応
1 あいさつするのが恥ずかしい。	➡	**1** 小さな声でもあいさつができたら褒める。
2 朝、まだ寝ていたかった。	➡	**2** 体調を確認し、園での生活に集中できるように言葉をかける。
3 保護者と離れたくない。	➡	**3** 子どもの気持ちに共感する声がけをする。

No.28 朝のあいさつ

（子どもと目線を合わせてから）┏ ○○ちゃん、お
はよう ┛

(✕NG) ┏ おはようって言ってごらん！┛

(解説) あいさつを強要せず、こちらからあいさつをすることで促しましょう。
まだ言葉が話せない月齢の子にも、笑顔であいさつをします。

No.29 あいさつの声が小さい子に

┏ おはようってちゃんと聞こえたよ。す
ごいなぁ ┛

(✕NG) ┏ みんなみたいに大きな声で言ってごらん ┛

(解説) 「あいさつは大きな声で元気よく」という思い込みは捨てて、小さな声
でもあいさつができたことを褒めてあげましょう。

No.30 ママと離れたくないと泣く子に

┏ そうだよね、ママがいいよね ┛
┏ ママにもう1回抱っこしてもらおうね ┛

(✕NG) ┏ ほら、ママが行っちゃうよ ┛

(解説) 子どもの気持ちを受け止め、それを代弁するように「ママが大好きだも
のね」と言葉をかけましょう。

保育のコミュニケーションの基本

1 基本の言葉かけ

2 子どもへの言葉がけ

3 子どものことを伝える

4 保護者との対話

5 保護者からの相談

6 困ったときの対応

7 スタッフとのコミュニケーション

子どもの
社会性を育む

遊び・活動

　園内での遊びや活動は子どもたちの社会性を育みますが、子ども同士のトラブルが発生しやすいシーンでもあります。子どもの言動には、その子なりの考えがあります。頭ごなしに注意をするのではなく、まずはその子の言い分を聞いて、気持ちを受け止めてあげましょう。そのうえで、正しい行動を示してあげれば、子どもは納得して謝罪や感謝の言葉を口にできるようになります。

　また、子どもたちの大好きな外遊びでは、けがが発生しやすくなりますので、外遊びに付き添う際には十分に危機意識をもたなくてはなりません。危ない行為をとる子がいたら、毅然とした態度で注意しましょう。

子どもの様子		保育士の対応
1 友達が遊んでいるおもちゃで遊びたい。	➡	**1** 保育士が「貸して」と言うことで、まねして話せるようにさせる。
2 みんなが片づけをしないから、自分もしたくない。	➡	**2** 時間を決めて「よーい、ドン！」とゲーム感覚で片づけさせる。
3 外遊びが終わる時間だど、もっと遊んでいたい。	➡	**3** 集団生活では、みんなで時間を守ることが大切なことを教える。

No.31 お絵かきをやりたがらない子に

『 先生もやってみようかなぁ 』

✕NG 『 もっと、ちゃんとやりなさい 』

解説 無理にやらせようとせず、保育士がやって見せることで、活動の面白さを伝えることができます。

No.32 おもちゃを貸せない子どもに（対象：〜年少）

『 遊びおわったら先生に貸してくれる? 』

✕NG 『 貸してあげなさい! 』

解説 「大切なものだから貸せない」という子どもの思いも大切にします。貸してくれたら、「ありがとう、やさしいね」と褒めてあげましょう。

No.33 おもちゃを貸せない子どもに（対象：年中〜）

『 みんながいっしょに遊ぼうって言ってるよ 』

✕NG 『 どうして貸さないの? 』

解説 子どもは本能的に群集の中にいたい気持ちがあります。「みんなで遊ぼう」と促すことで、おもちゃを貸そうと思えるようになります。

No.34 ほかの子が使っているおもちゃを取ろうとする子に

「 今はあの子が遊んでいるから、ちょっと待っていようね 」

×NG「 そんなことしたらダメ! 」

解説 おもちゃを使いたい気持ちに共感しながら「待っていようね」と伝えれば、子どもはがまんできるようになります。

No.35 友達と遊ばずにひとりでいる子に

「 なにをして遊ぼうかなぁ 」

×NG「 みんなと遊べばいいじゃない 」

解説 声をかけながら、言葉にできない思いを抱えていないか、不安を感じていないかを確認しましょう。

No.36 おもちゃを片づけるとき(対象:年中〜)

「 お片づけをしておけば、またすぐに遊べるね 」

×NG「 さっさと片づけなさい! 」

解説 片づけを習慣化するために、「物はいつも同じ場所にあると便利」を意識させる言葉がけをしましょう。

No.37 片づけをしない子に

『 時計の針が5になるまでに、いくつおもちゃを片づけられるかな？ よーい、スタート！ 』

×NG 『 さっさと片づけて！ 』

解説 あえて制限時間を設けることで、ゲーム感覚で片づけができるようになります。時間内にできたら、「すごい！」と褒めましょう。

No.38 読み聞かせのときに「それ、読んだことあるよ」と言う子に

『 これは面白いから、もう一度読もうね 』

×NG 『 それなら聞かなくてもいいよ 』

解説 「別の本が読みたい」という欲求の場合は、「この本の面白かったところを教えてくれる？」と質問を投げかけてみましょう。

No.39 転んで泣いた子に

『 痛かったねぇ。先生が痛いのを取ってあげるね。えいっ！ 』

×NG 『 こんなのたいしたことないよ 』

解説 まずは痛みに共感してあげることが大切です。そのあとに痛みを取り除く言葉がけをすることで、落ち着きを取り戻しやすくなります。

保育のコミュニケーションの基本

1 基本の言葉がけ

2 子どもへの言葉がけ

3 子どものことを伝える

4 保護者との対話

5 保護者会での相談

6 困ったときの対応

7 スタッフとのコミュニケーション

No.40 外遊びから戻りたがらない子に

『 みんなが○○ちゃんを待っているよ 』

✕NG 『 もう知りません！ 』

解説 なかなか戻りたがらないときは、「みんなで行動する」という集団生活でのルールを教えましょう。

No.41 友達を叩いてしまった子に

『 叩いてはダメです。でも、どうして叩いちゃったのかな？ 』

✕NG 『 やめなさい！ 』

解説 まずは「暴力はダメ」とはっきりと伝えます。それから叩いた理由を尋ね、暴力ではなく言葉で解決することを促しましょう。

No.42 物を投げるなど、危険な行為をする子に

『 （大げさに）あっ！　物を投げちゃいけないよね。これからは気をつけようね 』

✕NG 『 投げちゃダメ！ 』

解説 大げさに驚くことで、物を投げることが危険な行為だと子どもに認識させることができます。

保育のコミュニケーションの基本

1 基本の言葉かけ

2 子どもへの言葉がけ

3 子どものことを伝える

4 保護者との対話

5 保護者からの相談

6 困ったときの対応

7 ステップアップのコミュニケーション

No.43 汚い言葉を使う子に

「 そんなことを言われると、先生は悲しいな 」

✕NG 「 どうしてそういうことを言うの? 」

解説 汚い言葉を使ってはいけない理由として「まわりの人が悲しむ」ことを理解させ、言葉によって傷つく人がいることを意識させます。

No.44 仲のよい友達と遊ばず、ひとりでいる子に

「 今日はお友達と遊ばないの? なにかあったかな? 」

✕NG 「 ほら、みんなのところに行きなさいよ 」

解説 友達との間でなにかあった可能性を考えましょう。いつもと違った様子を気づかうような声がけをすれば、子どもは安心して話しやすくなります。

No.45 ままごとで、男の子が赤ちゃんの人形をおぶって料理をしている

「 今日はおうちのことをしているんだね。お父さん、がんばって! 」

✕NG 「 お父さんはそんなことしないで仕事に行くでしょ? 」

解説 性差による固定観念や、行動を否定するような言葉がけは避けましょう。

CHAPTER 2-3
子どもへの言葉がけ

根気強く
やさしい声がけを

園での生活

　日常生活のルールを守ることや食事や睡眠などの習慣は、簡単に身につくものではありません。そのため、子どもたちに根気強く声がけをしていく必要があります。

　食事のときは、みんなで楽しく時間内に食べることを意識させ、おしゃべりをしすぎる子には食べることを促します。嫌いな食べ物があっても無理強いせず、食べる量を子どもに決めさせるようにしましょう。

　また、子どもたちに昼寝をさせるのは大変ですが、「頭をまくらにつけて」「目を閉じて」などとやさしく語りかけ、眠りを誘う言葉がけを心がけましょう。

子どもの様子	保育士の対応
1 ごはんのときは、みんなでおしゃべりをしたい。	**1** 食べることに集中させる言葉をかける。
2 昼寝しないで、まだ遊んでいたい。	**2** 静かな環境を作り、「目を閉じてみよう」などの声がけをする。
3 親切にしてもらったとき、なんと言えばよいかわからない。	**3** 「ありがとう」を意識して多く使うようにする。

保育のコミュニケーションの基本

1 基本の言葉がけ

2 子どもへの言葉がけ

3 子どものことを伝える

4 保護者との対話

5 保護者からの相談

6 困ったときの対応

7 スタッフとのコミュニケーション

No.46 食事に子どもの苦手な食材があるとき

「 ひと口だけ食べてみようね 」

×NG「 全部食べなさい 」

解説 「どのくらいなら食べられる？」など、食べる量の選択は子どもに任せます。その量がほんの少しだったとしても褒めてあげましょう。

No.47 ひじをついて食事をする子に

「 食器に手を添えて、背中をまっすぐにしようね 」

×NG「 ひじ、ついてるよ！」

解説 ひじをつくのは、姿勢の悪さが原因です。「まっすぐにね」と背中をさすりながら声がけしましょう。

No.48 食事中におしゃべりに夢中で食べない子に

「 おしゃべりじゃなく、食べるほうの口を使ってみようね 」

×NG「 しゃべってないで食べなさい！」

解説 食べることに意識を向けさせる言葉です。おしゃべりで盛り上がっているときは、あえて静かな声で伝えましょう。

No.49 自分でごはんを食べたがらない子に

『 ちょっとだけ、先生が食べさせてあげようか？ 』

✕NG 『 さっさと自分で食べなさい！ 』

解説 保育士にあまえているだけなら、食事のきっかけをつくることで食べてくれることも。それでも食べないときは、体調を心配します。

No.50 なかなか昼寝をしない子に

『 頭をまくらにつけて、おめめをつむろうね 』

✕NG 『 早く寝なさい！ 』

解説 どうすれば眠れるようになるのか、目をつむるなど外からの刺激を減らす具体的な方法を伝えましょう。

No.51 おねしょをした子に

『 (小さな声で) 大丈夫だからね 』

✕NG 『 あーあ、やっちゃったの？ 』

解説 おねしょをした子は、落ち込んで傷ついています。叱ったりせず、ほかの子にわからないように、はげます言葉をかけましょう。

保育のコミュニケーションの基本

1 基本の言葉がけ

2 子どもへの言葉がけ

3 子どものこと

4 保護者との対話

5 保護者からの相談

6 困ったときの対応

7 スタッフとのコミュニケーション

No.52 昼寝から起きられない子に

『 さぁ、トイレに行こうね 』

✕NG 『 さっさと起きて！ 』

解説 眠いとなかなか体を動かしにくいものです。「トイレに行く」という目的をつくり、起きやすくします。

No.53 うそをついている子に

『 そうなんだ。でも、○○ちゃんはこう言っているよ 』

✕NG 『 うそつかないで！ 』

解説 子どもは悪意なくうそをつくケースが多いので、まずは言ったことを認めさせてから、具体的に注意しましょう。

No.54 「ありがとう」が言えない子に

『 こういうときは、なんて言うのかな？ 』

✕NG 『 ありがとうって言ったら？ 』

解説 「ありがとう」は、人に感謝を伝えるときに使うすてきな言葉だということを、子どもに伝えましょう。

No.55 「ごめんね」が言えない子に

『 ○○ちゃんは嫌だったみたいだよ。謝ろうね 』

✕NG『 (大きな声で) 謝りなさい！ 』

解説 双方の言い分を聞いたあとに謝るべき理由を説明することで、子どもから自発的に謝れるようにします。

No.56 急に保護者が恋しくなった子に

『 そうだよね。ママ(パパ)に会いたいよね。お迎えまで待とうね 』

✕NG『 仕方ないでしょ。がまんしなさい 』

解説 抱っこしたり手を握るなどのスキンシップをしながら、子どもの気持ちを受け止める声がけをしましょう。

No.57 発表会で緊張している子に

『 たくさん練習したから大丈夫だよ 』

✕NG『 ほら、みんなが見てるよ 』

解説 子どもの不安な気持ちを受け止めて、練習したことからの自信と「失敗しても大丈夫」という安心感を伝えましょう。

保育のコミュニケーションの基本

1 基本の言葉がけ

2 子どもへの言葉がけ

3 子どものことを伝える

4 保護者との対話

5 保護者からの相談

6 困ったときの対応

7 スタッフとのコミュニケーション

No.58 運動会の練習をしたがらない子に

「 みんなは練習をしているけど、○○くんはやらなくても大丈夫? 」

✕NG 「 やりたくないなら、やらなくてもいいよ 」

解説 みんなで協力して練習することが大切だと伝えましょう。命令口調ではなく、やさしく尋ねるように話すのがコツです。

注意は「アイ(私)メッセージ」で伝える

　子どもを注意するときには、その子の人格ではなく、言動や行動に対して注意するようにします。そのときに大切なのは、「私(I)」を主語にした「アイ・メッセージ」で伝えることです。

 ○ そんなことをされたら、先生は悲しいなぁ

POINT
「私(I)」を主語にすれば、子どもを責めることなく、「あなたの行為がよくない」という気持ちを伝えることができます。

 ✕ そんなことをするなんて、○○くんは悪い子ね!

POINT
「あなた(You)」が主語だと命令口調になってしまい、注意された子どもは「自分が非難されている」と感じてしまいます。

保護者会で保護者の心をつなげよう

保護者会は園での子どもの様子を伝えるだけでなく、保護者と保育士、そして保護者同士の心をつなげるきっかけにもなります。保護者が話しやすい雰囲気ときっかけをつくることが、保護者会での保育士の大切な役割です。

保護者会の基本ポイント

会の進行を説明
途中退席したい人もいるので、最初に大まかな内容と進行を説明しましょう。

園児の近況を伝える
なるべく園児全員が登場する写真や動画を交えて、園での活動を伝えます。

連絡事項
時間には限りがあるため、まずは大まかな連絡にとどめ、詳細はおたよりで伝えましょう。

保護者の自己紹介
「2分ほどで」「テーマは『わが子自慢』で」など、発表時間とテーマを決めておくと保護者も話しやすくなります。

フリートーク
保護者を数人のグループに分けると、会話が弾みやすくなります。

役員の選定
役員の仕事内容を説明したうえで、引き受けることのメリットを強調して伝えましょう。

CHAPTER

3

子どものことを
伝える

園では保護者が気づかない
子どもの成長の場面を見ることがあります。
園での子どものさまざまな様子を、
保護者と積極的に共有しましょう。

楽しいエピソードを
中心に話す

子どもの様子を伝える

　保護者にとって、園での子どもの様子は気になるものです。保護者が迎えに来たときは、子どもがどのように1日を過ごしていたかを伝えましょう。「元気でした」などの表現よりも、具体的なエピソードを交えて話すほうが子どもの様子が伝わりやすくなります。

　泣いてばかりいたり、ひとり遊びばかりしていたなど、保護者が心配になるようなエピソードはなるべく避け、子どもの楽しげな様子を中心に伝えましょう。

　また、保護者から「ひとり遊びばかりしているのでは？」と心配な面を尋ねられたときは、「最近はお友達にも興味をもち始めています」と成長が見られることも伝えましょう。

保護者の様子		保育士の対応
1 子どもが園でどのように過ごしているかを知りたい。	➡	**1** 具体的なエピソードを交えて、子どもの様子を伝える。
2 「泣いてばかりいるのでは?」と不安に思っている。	➡	**2** 泣いても最近はすぐに泣きやむなど、成長が見えた部分を話す。
3 子どもが保育士にどんな話をしているのか、知りたい。	➡	**3** 子どもが話してくれた話題を、保護者と共感しながら伝える。

保育のコミュニケーションの基本

1 基本の言葉がけ

2 子どもへの言葉がけ

3 子どものことを伝える

4 保護者との対話

5 保護者からの相談

6 困ったときの対応

7 スタッフのコミュニケーション

No.59 園での様子①

「今日、○○ちゃんは一生懸命お絵かきをしていましたよ」

×NG「元気でしたよ」

解説 お迎えのときには、その日1日の子どもの様子を具体的に保護者に伝えましょう。

No.60 園での様子②

「××が、とても上手にできるようになりました」

×NG できるようになったことを報告しない。

解説 どんな些細なことでも、子どもの成長は保護者にとってのよろこびです。できるようになったことは、必ず保護者に報告しましょう。

No.61 園での様子③

「今日はこんなうれしいことがあったんですよ!」

×NG「○○がありました」と淡々と話す。

解説 うれしい報告は、よろこびを前面にだして報告しましょう。「私たちもうれしくなりました」と伝えてもよいでしょう。

No.62 園での様子④

「 苦手なにんじんを、ひと口食べること ができました 」

×NG 「 まだにんじんが食べられないんですよ 」

解説 小さなことでも子どもが努力してできたことは報告して、「おうちでも褒めてあげてください」と伝えましょう。

No.63 園での様子⑤

「 お父さんとサッカーをしたことを、楽し そうに話してくれました 」

×NG 子どもが話したことを伝えない。

解説 子どもが話してくれたことは、話してくれたときの様子といっしょに伝えましょう。

No.64 園での様子⑥

「 お母さんを見習ってなのか、○○ちゃ んは××が上手ですね 」

×NG 「 お母さんのまねをしているだけですね 」

解説 子どもの得意なことを報告するときは、「お父さんがお手本でしょうかね？」など、家庭とのつながりを意識した伝え方をしましょう。

役言のコミュニケーションの基本

1 基本の言葉がけ

2 子どもへの言葉がけ

3 子どものことを伝える

4 保護者との対話

5 保護者からの信頼

6 困ったときの対応

7 スタッフとのコミュニケーション

No.65 園での様子⑦

『 ◯◯くんの××な様子に成長を感じています 』

×NG 『 ××はできるんですけど、△△はまだですね 』

解説 子どものできないことではなく、できたことに目を向けて保護者に報告しましょう。

No.66 通園し始めたばかりの子どもの様子①

『 ◯◯くんは元気に遊んでいますよ 』

×NG 『 まだ馴染めてないですね 』

解説 保護者が子どもを預けていることに不安を感じないよう、園で楽しく過ごしている様子を伝えます。

No.67 通園し始めたばかりの子どもの様子②

『 お友達とかかわる時間が増えてきました 』

×NG 『 まだひとりで遊んでいます 』

解説 まだひとり遊びが多い子どもでも、集団生活に馴染み始めているようであれば、その点に注目して報告しましょう。

No.68 家での様子①

「おうちでは、○○ちゃんはどんな遊びが好きなのですか?」

✕NG 子どものことについて尋ねない。

解説 家での過ごし方について尋ね、保護者との会話のきっかけにしたり、園での活動の参考にしましょう。

No.69 家での様子②

「おうちでの○○ちゃんの様子が、目に浮かびますね」

✕NG 「家での話をされても……」

解説 家での様子を聞いたあとに伝える言葉です。家での子どもの様子もあたたかく見守りたい、と思う気持ちを伝えることができます。

No.70 家での様子③

「家で○○をしているんですね。実際に見てみたいです!」

✕NG 「家でそんなことをしてるんですね」

解説 保護者から家庭での子どものかわいらしい様子を聞いたら、「ぜひ自分も見てみたい」という気持ちを伝えましょう。

保育のコミュニケーションの基本

1 基本の言葉がけ

2 子どもへの言葉がけ

3 子どものことを伝える

4 保護者との対話

5 保護者からの相談

6 困ったときの対応

7 スタッフとのコミュニケーション

No.71 家での様子④

「 お母さんが○○ちゃんのためにがんばっている様子が目に浮かびます 」

×NG「 お母さん、がんばりすぎじゃないですか 」

解説 保護者の育児へのがんばりを褒める言葉がけです。少々がんばりすぎな保護者には「できる範囲でいいんですよ」と伝えましょう。

子どもの様子はこまめに伝えよう

　園での子どもの姿は、保護者が知らない一面でもあります。子どもの成長を感じられる出来事があったときは「このくらいの成長は当たり前」と思わず、保護者に伝えましょう。保育の専門家の保育士が、いつも子どもの成長を見守ってくれているという安心感が増し、園への信頼を高めることにもつながります。

　子どもの園での様子は、保護者が子どもを迎えに来たときに伝えるのが基本ですが、現在はさまざまな方法で伝えることができますので、保護者とのコミュニケーションに活用しましょう。

連絡帳・おたより

写真やイラストを掲示

ブログなどで写真・動画を公開

保育参観・保育参加

よい部分を
強調して伝える

子どもを褒める

　自分の子どもが褒められれば、どんな保護者もうれしいものです。保護者に子どもの様子を伝えるときは、基本的に褒める出来事から始めましょう。保護者に伝えるべき話題を見つけるためにも、子どもひとりひとりのよい面を見つけるようにします。

　どうしても子どものネガティブな面に目が行ってしまう場合は、とらえ方を変えてみましょう。たとえば、「暴れん坊」は「元気いっぱい」と表現すれば、短所と思える部分も長所になります。ただし、子どもに明らかな問題と思われる部分があれば褒めるのではなく、はっきりと事実を伝えることも大切です（参考「気になる部分を伝える」P.62）。

保護者の様子		保育士の対応
1 子どものよい面を教えてほしい。	➡	**1** よい面だけでなく、短所でも見方を変えて長所として伝える。
2 自分の子をほかの子と比較して、劣っていると思っている。	➡	**2** 子どもひとりひとりのよい面を見つけて伝える。
3 子どもが保育士に迷惑をかけているのではないかと心配している。	➡	**3** 保育士から見たその子のよい部分を率直に伝える。

No.72 活動的なタイプの子ども①

「 好奇心旺盛なので、なんにでも興味があるのでしょうね 」

×NG「 落ち着きがなくて、困っています 」

解説 落ち着きのない子は、好奇心が強いことが多いものです。その点に注目して、褒めるようにしましょう。

No.73 活動的なタイプの子ども②

「 どんなことにも積極的なので、みんなのお手本になっていますよ 」

×NG「 でしゃばってばかりいるんですよ 」

解説 何事に対しても「やりたい！」と積極的な子については、失敗を恐れずにチャレンジしていることを保護者に伝えましょう。

No.74 活動的なタイプの子ども③

「 元気で、エネルギッシュですね 」

×NG「 暴れん坊で、見ていて疲れます 」

解説 いわゆる「暴れん坊」は、言い換えればエネルギッシュなタイプです。「こちらも元気をもらえます」と伝えてもよいでしょう。

No.75 活動的なタイプの子ども④

「 社交的で、どのお友達ともおしゃべりしています 」

×NG「 しゃべりすぎだと思います 」

解説 口が達者な子は、保護者が「しゃべりすぎでは?」と心配していることもありますので、社交的な面を褒めるようにしましょう。

No.76 活動的なタイプの子ども⑤

「 みんなのリーダーになってくれるので、とても助かっています 」

×NG「 自分勝手なタイプですよね 」

解説 自分勝手と思える子は、みんなを巻き込んで行動を起こせるタイプであることに視点を変えて保護者に伝えます。

No.77 活動的なタイプの子ども⑥

「 ユーモアのセンスがあって、人気者なんですよ 」

×NG「 いつもふざけすぎです 」

解説 ふざけることが好きな子どもは、その場の雰囲気を盛り上げることが上手です。ムードメーカーであることを保護者に伝えましょう。

No.78 おとなしいタイプの子ども①

「 じっくり考えるタイプで、いつも落ち着いています 」

✕NG「 すべてがスローモーションですよね 」

解説 保護者が「何事もほかの子より遅い」と心配している子どもの場合は、物事にじっくり取り組む姿勢をもっていることに目を向けましょう。

No.79 おとなしいタイプの子ども②

「 何事にも慎重で、しっかりしていますよ 」

✕NG「 臆病すぎると思います 」

解説 危機意識が強い子は臆病になりやすいですが、決して悪いことではありません。「しっかりしている」ことを強調して褒めましょう。

No.80 おとなしいタイプの子ども③

「 泣いてしまうことが多いのは、繊細でやさしいからでしょうね 」

✕NG「 泣き虫ですよね 」

解説 泣き虫の子は人の感情に敏感で、やさしいタイプが多いです。保護者が泣いてばかりいることを心配している場合には、その点を伝えます。

No.81 大人びたタイプの子ども①

『頭の回転が速いので、いつも驚いています』

✕NG『 ずる賢いところがありますよね 』

解説 大人びた言動の子を褒めるときには、驚きや感心する気持ちを伝えましょう。

No.82 大人びたタイプの子ども②

『大人顔負けのことを言ってくれるので、楽しいです』

✕NG『 なまいきで、ときどき腹が立ちます 』

解説 なまいきな態度をとる子の場合、大人との対話を楽しみたいと思っている傾向があります。その子と話して楽しかったことを話題にしましょう。

No.83 飽きっぽいタイプの子ども

『気持ちの切り替えが、とても早いんですよ』

✕NG『 飽きっぽくて、集中力がないです 』

解説 飽きっぽい子は、次々と新しいものにチャレンジできるタイプともいえます。気持ちの切り替えの早さを褒めましょう。

保育のコミュニケーションの基本

大人の言葉かけ

子どもへの言葉かけ

3
子どものこと
を伝える

保護者との対応

家庭からの相談

困ったときの対応

スタッフとのコミュニケーション

No.84 しつこいタイプの子ども

「 粘り強さは見習いたいほどです 」

✕NG 「 しつこくて、保育の邪魔になることがあります 」

解説 なんでもしつこく聞いてくる子は、自分が納得できるまでがんばるタイプです。粘り強いことを褒めてあげましょう。

No.85 聞き分けの悪い子ども

「 自分のやりたいことが明確で、意志が強いんでしょうね 」

✕NG 「 こちらの言うことをまったく聞いてくれません 」

解説 聞き分けが悪いことにはさまざまな理由が考えられますが、自分のやりたいことをしようとする気持ちを認めるようにしましょう。

No.86 イライラするタイプの子ども

「 豊かな感情を、いつも全身で表してくれます 」

✕NG 「 短気で怒りっぽいんですよね 」

解説 感情表現が豊かだからこそイライラを隠しきれていないと考えて、視点を変えて褒めるようにします。

保護者の気持ちに
十分な配慮を

気になる部分を伝える

　保護者は、子どもにどんなことがあっても寄り添い続けなければならない立場にあります。そのため、子どもの気になる部分を伝えるときには、保護者の気持ちに十分配慮しなければなりません。

　もし、子どもになんらかの障害の特徴が見えたとしても、障害名を口にすることは避けましょう。保護者から「発達障害っぽいんです」と相談されたときでも、「そうかもしれませんね」と答えてしまえば、「保育士に障害があると言われた」と受け取られてしまいます。それだけ障害名には重い響きがあることを理解し、保護者に伝えるときは、障害名や障害に直接つながる表現は口にしないようにします。

保護者の様子	保育士の対応
1 子どもの気になる部分に目を向けない。	**1** 子どもが困っている部分を保護者と共有する。
2 家では問題がないので大丈夫だと思っている。	**2** 家庭と保育園での生活の違いを理解してもらう。
3 専門機関への相談をためらっている。	**3** 専門機関に相談することのメリットを伝える。

保育のコミュニケーションの基本

1 基本の言語がけ

2 子どもへの言葉がけ

3 子どものことを伝える

4 保護者との対話

5 保護者からの相談

6 困ったときの対応

7 スタッフとのコミュニケーション

No.87 子どもの気になる部分を伝える①

『 どうしていいのかがわからないのか、ほかの
お子さんを見て戸惑っていることがあります 』

×NG 『 ほかの子と同じことができません 』

解説 子どもの園での様子を具体的に報告することで、保護者に子どもの気に
なる部分が伝わりやすくなります。

No.88 子どもの気になる部分を伝える②

『 みんなといるよりも、ひとりでいるほうが
好きなようです。おうちではどうですか? 』

×NG 『 他人に興味を示しません 』

解説 他人に興味を示さず、視線を合わせようとしないといった傾向がある場
合は、家庭での様子も確認しましょう。

No.89 子どもの気になる部分を伝える③

『 さまざまな遊びに興味があるようで、
次々に遊びを変えることが多いです 』

×NG 『 多動の傾向がありそうです 』

解説 衝動的に動く傾向のある子は、ひとつの物事に集中するのが難しいもの
です。活動面の様子を通して伝えましょう。

No.90 子どもの気になる部分を伝える④

「 同じおもちゃを、決まった順番で遊び たがることが多いです 」

【×NG】「 こだわりが強く見られます 」

【解説】 特定の物事に強いこだわりがあることを伝えるには、遊びや生活の中での エピソードを交えます。

No.91 子どもの気になる部分を伝える⑤

「 言葉よりも先に、手が出てしまうこと が多いようです 」

【×NG】「 お友達とのトラブルが多いです 」

【解説】 友達を叩いてしまうことが多い子は、「やめて」と言う前に手が動いて しまうことが多いものです。

No.92 子どもの気になる部分を伝える⑥

「 うるさい音をとても嫌がることがあり ます 」

【×NG】「 聴覚過敏の傾向があるかもしれません 」

【解説】 聴覚過敏は発達障害が疑われる子どもに多く見られる症状です。保護者 には、過度に音を嫌がっていることを伝えましょう。

保育のコミュニケーション の基本

1 基本の 言葉かけ

2 子どもへの 言葉かけ

3 子どものこと を伝える

4 保護者との 対応

5 保護者からの 相談

6 伝えたいこと

7 スタッフとの コミュニケーション

No.93 子どもの気になる部分を伝える⑦

「 事実ではなく、想像したことを話す傾向があります 」

×NG 「 うそをついてばかりいます 」

解説 うそをつくことの多い子どもについては、「うそをつく」といった直接的な言葉では伝えず、「想像・架空のことを話す」と説明しましょう。

No.94 子どもの気になる部分を伝える⑧

「 気持ちの切り替えが苦手なようで、ほかのお子さんの様子に戸惑ってしまうことがあります 」

×NG 「 自閉症の疑いがありそうですね 」

解説 なんらかの発達障害の傾向が見られたとしても、障害名をだして説明することは避けましょう。

保護者に「気になる部分」を伝えるには

保育士が子どもの気になる部分を保護者に伝えたとしても、まったく受け入れないだけでなく、反発して保育士の指摘を聞かなくなってしまう人もいます。気になる部分を伝える前に、まずは保護者との信頼関係を築き、子どもの現状を少しずつ伝えていくようにしましょう。

あ、あの…

個人面談は話すこと・聞くことを事前に準備

　個人面談では、ふだんゆっくり話せない保護者と1対1でじっくり話すことができます。そんな貴重な機会を無駄にしないためにも、面談前にはこちらから話すこと、保護者から聞きたいことなどをまとめておきましょう。

保護者に伝えたいこと

園児の様子を中心に話します。子どものよい面を伝え、成長のよろこびを保護者と分かち合いましょう。

- 園での子どもの様子（活動や友達との様子、給食、昼寝など）
- 子どもが好んでいる遊びや活動
- 成長が見られるところ
- 保育士から見て気になる部分と、それに対するフォロー
- 連絡事項

保護者から聞きたいこと

家庭での子どもの様子を聞き、保育活動に活かします。保護者の子育てに「ダメだし」はNGです。

- 家庭での生活の様子（食事や睡眠、遊びの様子など）
- 休日の過ごし方
- （年長の場合）小学校入学について（受験の有無や、入学への不安など）
- 子育てで気になる部分はないか

4

保護者との
対話

保護者が送り迎えで園に来るときの対話は、
相手をよく知るチャンスと心得ましょう。
保護者の話をよく聞き、理解しながら、
適切な言葉を選ぶことが大切です。

大げさに感謝・賞賛
を伝える

保護者を褒める・ねぎらう

　保護者は家事や仕事、介護など忙しい中でも、子どもが園で快適に過ごせるように配慮してくれています。また、園からのさまざまなお願いにも応えてくれています。そのような保護者の協力には、必ず感謝の言葉を伝えましょう。「○○さんはすごいです」「さすが○○さんですね」と少々大げさに言うことで、こちらの感謝の気持ちが伝わりやすくなります。

　どんな些細なことでも、保護者の気づかいが感じられたらねぎらいましょう。例えば着替えを1枚多く入れている場合などは、子どもを思ってのことです。その点を評価することで、保護者は「もっと子どもの気持ちを考えよう」と思えるようになります。

保護者の様子		保育士の対応
1 忙しい日々の中、毎日、園に行くための準備をしている。	➡	**1** 些細な気づかいにも目を向け、感謝する。
2 最近、子どもの成長が見えてうれしい。	➡	**2** 子どもの成長を共によろこびながら、保護者の努力も褒める。
3 運動会の準備をするのが大変だった。	➡	**3** 忙しいところ時間を割いてくれたことを労わり、感謝する。

文字のコミュニケーション

基本の
言葉かけ

ふだんの
言葉かけ

トラブルの
とき

4
対話
保護者との

支援が必要
な保護者

ちょっと
困った
保護者

災害時などの
コミュニケーション

No.95 保護者を褒める①

「○○ちゃんの話を聞いていると、いつもお母さんと楽しい時間を過ごしていることがわかります」

✕NG「○○ちゃんから、話は聞いてます」

解説 子どもから聞いた話をもとに、家庭での触れ合いの時間を褒めるようにしましょう。

No.96 保護者を褒める②

「こまめにお洗濯をしてくださってますね」

✕NG 小さなことについて褒めない。

解説 些細なことでも褒められることで、保護者は「私のがんばりを見てくれている」と励みになります。

No.97 保護者を褒める③

「暑くなってきたので、肌着の着替えを多めに入れてくださったのですね」

✕NG「肌着、多めに入れてますか？」

解説 持ち物などの小さな変化は保護者の気配りと受け止め、感謝の気持ちを伝えましょう。

No.98 保護者を褒める④

「 早めに寝かせてくださっているおかげで、○○くんは毎日朝から元気ですよ 」

✕NG 保護者の努力を褒めない。

解説 家でなかなか時間がとれないにもかかわらず、子どもの早寝早起きを心がけてくれていることに感謝しましょう。

No.99 保護者を褒める⑤

「 今のお話、私も勉強になりました 」

✕NG 参考になる話を聞いても無反応。

解説 保護者の話に感謝を伝える言葉です。すでに知っている内容であっても、話してくれたことに感謝しましょう。

No.100 保護者をねぎらう①

「 それはお母さんも大変でしたね 」

✕NG 「 園ではもっと大変ですよ 」

解説 保護者は毎日あわただしい中で子育てをしています。どんな些細なことでも、保護者の子育てのがんばりをいたわるようにしましょう。

No.101 保護者をねぎらう②

『 ○○ちゃん、すごいですね。でも、お母さんもご立派です 』

✕NG『 そんなことがあったんだ 』

解説 子どもがよいこと、立派なことを実行できたときは、子どもを褒めたうえで、それを支えた保護者もねぎらいましょう

No.102 保護者をねぎらう③

『 今の対応で、○○ちゃんには十分伝わっていますよ 』

✕NG このままじゃダメだと思います。

解説 子どもとうまくコミュニケーションがとれていないと不安に感じている保護者には、まずはこれまでのがんばりを認める言葉をかけましょう。

No.103 保護者をねぎらう④

『 いつも早く提出してくださり、助かります 』

✕NG『 あ、どうも 』(提出してくれたことをねぎらわない)

解説 忙しい中、提出物を期限内に提出してくれたことに感謝しましょう。特に早めに提出してくれた保護者には、その点を強調して伝えます。

No.104 保護者をねぎらう⑤

「 お忙しい中、ご協力いただき、ありがとうございます 」

✕NG 協力に対してお礼を言わない。

解説 毎日、仕事と子育ての両立で大変な保護者が園のために協力してくれたときには、しっかり感謝を伝えます。

No.105 保護者をねぎらう⑥

「 お母さんが○○を用意してくれたおかげで、××ちゃんは楽しく遊ぶことができました 」

✕NG 「 用意してもらった○○、使いました 」

解説 お願いしたものを準備してもらったときは、お礼だけでなく、それを使ったときの子どもの様子も付け加えましょう。

No.106 保護者が保育士である場合

「 ぜひ、いろいろとご協力をお願いします 」

✕NG 未熟だと思われるので、なにも話さない。

解説 協力をお願いするときは同業者であることを考慮し、「よくご存知かと思いますが」と前置きをして、積極的に協力を求めましょう。

No.107 保育参加担当の保護者に①

「 今日はお母さんがいるから、うまくできたのだと思いますよ 」

✕NG「 いつもこんな感じです 」

解説 保育参加が保護者にとって実りあるものになるように、保護者のおかげで保育がうまくいったことを伝えます。

No.108 保育参加担当の保護者に②

「 お母さんたちから、私も学ぶことが多いんです 」

✕NG 保護者を褒めない。

解説 保育参加では、保護者の子どもとの接し方を確認することができます。そこから得られるものがあることを率直に伝えましょう。

No.109 何度も同じことを質問する保護者に

「 何度も尋ねてくださったので、こちらも確認することができました 」

✕NG「 この前も言いましたよね？ 」

解説 同じ内容を問われても面倒くさがらずに話を聞き、最後に「私も確認になりました」とお礼を述べましょう。

メリットを伝えて
依頼する

保護者にお願いする

　保育士から保護者にお願いする内容には2種類あります。

　1つは行事への参加です。衣装などの製作を依頼する場合は、貴重な時間を割いて協力してもらっていることを忘れずに、「できる範囲でお願いします」と配慮の言葉を添えましょう。また、家での練習をお願いしたい場合は、「よい思いでになりますよ」と、練習によるメリットを伝えるとよいでしょう。

　もう1つは、こちらのルールを守ってもらう場合です。「ルールを守ってもらわないと困ります」と直接的には伝えず、「みんながいっしょに活動しやすくなる」など、ルールを守ることが子どものためになることを伝えましょう。

保護者の様子		保育士の対応
1 いつも登園がギリギリだが特に罪の意識はない。	➡	**1** 時間に余裕のある登園が、子どもためになることを伝える。
2 運動会のダンスの練習を、家でやるのが面倒。	➡	**2** 家での練習のメリットを説明する。
3 裁縫が苦手で、おゆうぎ会の衣装が作れない。	➡	**3** いっしょに作るなど、園でサポートできることを伝える。

No.110 書類の提出期限を守ってもらう

『 みなさんにお伝えしていますが、○○
は明日までに提出をお願いします 』

✕NG 『 早く提出してください 』

解説 たとえその保護者だけが期限を守っていないとしても、「みなさんに伝
えている」ことを説明し、お願いしましょう。

No.111 朝、遅れてくることが多い保護者に

『 時間内に活動を始めるためにも、ご
協力をお願いします 』

✕NG 『 今日も遅刻ですね 』

解説 「遅刻しないで」とストレートに言わず、「子どもの活動のために」など
の理由を説明し、お願いしましょう。

No.112 いつもお迎えが遅い保護者に

『 遅くなるときはご連絡いただけますか。
○○ちゃんも心配していましたよ 』

✕NG 『 どうしていつも遅いんですか？ 』

解説 お迎えが遅れると、子どもも保育士も不安になることや、遅れるときに
は連絡を入れるといったルールを守ってほしいことを伝えます。

No.113 子どものできることを増やすために協力を求める

「××について、○○ちゃんはおうちでは どのような様子ですか？」

✕NG 「家でちゃんとやってないんじゃないですか？」

解説 園での生活だけではなかなか身につかないことを家庭でも取り組んでほしいときには、最初に家での様子を確認します。

No.114 子どもに厚着をさせる保護者に

「気温が上がりましたら、1枚脱がせて 汗をかかないようにしますね」

✕NG 「厚着をしてたら、かえって風邪をひきますよ」

解説 「厚着をさせないで」と言って抵抗を示される場合は、「気温に合わせて適切な枚数にする」ことを伝えましょう。

No.115 仕事で忙しそうな保護者にお願いをするとき

「できる範囲でかまいません」

✕NG 「絶対にやってください」

解説 園から保護者に協力を求めるときは、「できる範囲で」「最低限でかまいません」などの言葉を付け加えましょう。

保育者のコミュニケーション力を高める

1 基本の言葉がけ

2 子どもへの言葉がけ

3 子どものことを伝える

4 保護者との対話

5 保護者からの相談

6 困ったときの対応

7 スタッフ間のコミュニケーション

No.116 家で練習をお願いしたいとき①

『 園でもがんばって挑戦していますので、おうちでも練習してみてください 』

✕NG 『 家でやらないなんて、ダメですよ 』

解説 少しでも家で練習してもらうために「園でがんばっている」ことを伝え、家庭でも練習してもらえるように促します。

No.117 家で練習をお願いしたいとき②

『 ××をすることで、○○ちゃんのよい思いでになると思いますよ 』

✕NG 『 とりあえず家でもやってください 』

解説 練習は園のためではなく、子どものためになることを理解してもらう言葉がけをしましょう。

No.118 家で練習をお願いしたいとき③

『 おうちでやってみた感想を教えてくださいね 』

✕NG 『 家でやらないと園での練習が大変なんです 』

解説 練習の感想を教えてもらうことを約束すれば、翌日以降に「練習してみましたか？」と確認しやすくなります。

No.119 軽いけがをした子どもの保護者に

（謝罪をしたうえで）┏ **おうちでも様子を確認してくださいね** ┛

✕NG ┏ これくらいなら大丈夫だと思いますよ ┛

解説 どんなに軽いけがでも、子どもが傷ついたことに変わりはありません。家でも経過を観察してもらうようにお願いします。

No.120 家での様子を確認したいとき

┏ **園では××なのですが、ご家庭での様子はいかがですか？** ┛

✕NG ┏ 家でなにかなかったですか？ ┛

解説 子どもの言動の要因が家庭内にありそうなときは、それとなく家庭での子どもの様子を聞いてみましょう。

No.121 作ってきてほしいものを提出してくれない保護者に①

┏ **よろしければ、園でいっしょに作りませんか？** ┛

✕NG ┏ 早く持ってきてください ┛

解説 保護者が裁縫や工作を苦手にしているようであれば、保育士が制作を手伝えることを伝えましょう。

保育のコミュニケーションの基本

1 保育の言葉がけ

2 子どもへの言葉がけ

3 子どものことを伝える

4 保護者との対話

5 保護者からの相談

6 ピンチのときの対応

7 スタッフのコミュニケーション

No.122 作ってきてほしいものを提出してくれない保護者に②

『 ××までできていれば、あとは園でもサポートできますよ 』

×NG 『 作れないんですか？ 』

解説 時間がなくて作れていない保護者には、ある程度まで作ってもらえれば大丈夫なことを説明します。

「お願い」するときの3つのポイント

保育に必要な道具や行事の準備などを毎日忙しい保護者にお願いをすることに気が引けてしまうこともあるでしょう。また、お願いしてもなかなか引き受けてもらえないことも多いものです。そこで、次の3つのことに気をつけてお願いをしてみましょう。

1. お願いの理由を明確にする

なぜこのお願いをするのか、理由を明確に伝えましょう。その場合も、「運動会のため」と伝えるだけでなく、「運動会で○○ちゃんがかわいく踊れるように」などと具体的な理由を付け加えましょう。

2. 選択肢を用意する

お願いをするときは、YesかNoでしか答えられない質問ではなく、「AとBのどちらかをお願いできませんか？」と、相手が選択して返答できるようにするとよいでしょう。

3. 「○○だけ」と伝える

こちらのお願いを引き受けてもらいやすくするには、「少しでかまわないので協力してほしい」気持ちを伝えることが大切です。「最低限でかまいません」「できる範囲で」といったフレーズを添えましょう。

「なにが不安なのか」
を明らかにする

保護者の不安を受け止める

保護者は子育てにさまざまな不安を抱えています。たとえ些細な不安でも見逃さず気にかけることが、保護者との良好な関係づくりにつながります。

また子育てで悩んでいると、保護者は漠然とした不安を常に抱えやすくなります。「なにが不安なのか」を明らかにするためには、保護者が不安に思っていることについて率直に話してもらうことが大切です。保育士は聞き役に徹し、「○○が不安なのですね」と共感する姿勢を示し、不安の内容を整理しながら焦点を絞っていきます。現在の状況を保護者と共有し、そこから子どもがどのように成長していけるかをお互いにイメージするようにしましょう。

保護者の様子	保育士の対応
1 子育てに漠然とした不安を抱えている。	**1** 話を聞き、不安の要因を保護者とともに見つけていく。
2 不安を相談したいが、大したことではないので言いだしにくい。	**2** 些細な不安と思えることでも、しっかり話を聞く。
3 保育士よりも、ネットの情報を信頼している。	**3** どんなサイトを見ているかを教えてもらい、不安に思っていることを見つける。

No.123 不安なことがある保護者に①

（保護者に言われたことをくり返す）**「 ××について、困っていらっしゃるのですね 」**

×NG 「 ふーん 」

解説 不安な点を明確にして話の内容の把握に間違いがないかを確認するために、保護者の言ったことをくり返します。

No.124 不安なことがある保護者に②

「 こちらでも様子を見守らせていただきます 」

×NG 「 心配しすぎじゃないですか? 」

解説 些細なことでも保護者が大きな問題として捉えているならば、「園でもしっかり見守ります」と伝えましょう。

No.125 不安なことがある保護者に③

「心配なことがございましたら、すぐにお知らせください 」

×NG 「 大丈夫だと思いますよ 」

解説 保護者が不安をなかなか言いだせないようであれば、「いつでも相談にのります」という姿勢を示す言葉がけをします。

No.126 不安なことが解決したあとに

「その後の経過をお知らせしますので、おうちでの様子も教えてください」

×NG「これで解決ですね！」

解説 保護者の不安は一度になくなることはありません。園では不安解消後のアフターケアも続けることを伝えます。

No.127 子どもが泣いていて出かけられない保護者に

「お母さん、大丈夫ですよ」

×NG「泣くのは仕方ないですよ」

解説 保護者が子どもと離れる不安を抱えているときは、タイミングを見て「大丈夫ですよ」と伝えましょう。

No.128 こちらの話に割り込む保護者に

「すみません。もう少しで終わりますので、最後まで話させていただけますか?」

×NG「黙っててください」

解説 こちらの話を最後まで聞いたうえで意見を言ってほしいことを、やんわりと伝えるようにしましょう。

No.129 ネットの情報に振り回されがちな保護者に

「どのようなサイトをご覧になっているのか、参考までに教えていただけませんか」

✕NG「ネットの情報は信じないでください」

解説 「ネットの情報を共有させてほしい」と伝えれば、保護者がどんな不安をネットで調べているのかがわかり、会話のきっかけにもなります。

不安を抱える保護者との関係づくり

子どもの成長・発達になんらかの課題があり、保護者がそのことに不安を抱えている場合、いきなり専門機関を案内したり、安易に「大丈夫ですよ」と伝えるのは NG です。まずは保護者の話をじっくり聞き、保護者の望む支援へ導きましょう。

● 園での様子を伝えつつ「家庭ではどうなのか」を聞きだし、保護者がどんな不安や要望を抱えているのかを確認しましょう。

● 子どもの様子は園と家庭とでは異なります。園での様子を保護者に見てもらう機会を設け、保護者と保育士で子どもの様子を共有しましょう。

● 専門機関に案内するときには、「園から連絡してみましょうか？」など、保護者に寄り添う姿勢を示しましょう。

保護者の気持ちを受け止め
慎重な配慮を行う

トラブルを抱える保護者

　子どもではなく、保護者自身がなんらかの課題を抱えていることが、子育てや子どもの成長に影響を与えていることがあります。

　精神疾患を抱えた保護者には多くを求めず、まずは登園してくれることを目標にしましょう。そのうえで、できる限り園でのサポートが必要です。子どもに障害の診断が下されたばかりで落ち込んでいる保護者にも、園からの配慮が必要です。障害名は口にださずに対話し、保護者の気持ちをしっかり受け止め、協力しながら子どもの成長を見守る関係をつくりましょう。

　また、虐待やネグレクトなどの疑いがある保護者については、早めに園内で情報を共有し、園が行うべき援助を考えましょう。

保護者の様子		保育士の対応
1 子どもに障害があることがわかり、ショックを隠せない。	➡	1 障害名はださずに対話し、保護者の気持ちを受け止める。
2 精神疾患を抱えているため、子育てに手がまわらない。	➡	2 最低限のことだけをやってもらい、なるべく園でサポートする。
3 子どもをかわいいと思えず、子育てをしたくない。	➡	3 虐待やネグレクトの可能性があれば、早急に園での援助を考える。

No.130 発達相談に行くことに落ち込んでいる保護者に

『 ○○くんにとって、よい方法を見つけられるといいですね 』

✕NG 『 受けたほうがいいですよ 』

解説 発達相談を無理にすすめることはせず、相談することが子どもにとってプラスになることを強調して伝えます。

No.131 子どもに障害があると診断されてショックを受けている保護者に①

『 それはおつらいことでしたね 』

✕NG 『 あー、やっぱり 』

解説 子どもに障害が診断されたことで、保護者は強いショックを受けています。そのつらさを受け止める言葉がけをしましょう。

No.132 子どもに障害があると診断されてショックを受けている保護者に②

『 ○○ちゃんの××なところは、私たちは個性と捉え、保育をしています 』

✕NG 『 やっぱりそうでしたか 』

解説 「障害」という言葉は保護者にとってとても重いものです。障害名は使わずに、個性として受け止めていることを伝えます。

No.133 子どもに障害があると診断されて
ショックを受けている保護者に③

「○○ちゃんの××に関しては、私たちも少し心配していました」

×NG「そうじゃないかと思っていたんですよね」

解説 保育士の目から見ても、子どもに以前から不安な部分があったことを伝えれば、保護者が子どもの障害を受け入れやすくなります。

No.134 メンタルに不安を抱える保護者に①

「最近お忙しそうですが、お体は大丈夫ですか?」

×NG「なんか変ですよ」

解説 精神疾患が考えられる保護者は、生活リズムが乱れる傾向にあります。まずは「お疲れですか?」と聞いてみましょう。

No.135 メンタルに不安を抱える保護者に②

「帰宅してからの家事は、あわただしいですよね」

×NG「身だしなみもちゃんとしてないじゃないですか」

解説 生活が乱れている様子が見える場合には、「毎日大変ですよね」と共感する言葉をかけ、生活の様子を質問するきっかけにしましょう。

No.136 虐待が疑われる子どもの保護者に

『 ○○くんはママが大好きなので、たくさん怒られると
逆効果になって、園で荒れてしまうことがあるようです 』

(×NG) 『 虐待してませんか？ 』

解説 我が子に手を上げてしまうことに、保護者も苦しんでいる可能性があります。責める雰囲気を作らずに、声をかけてみましょう。

No.137 生活リズムが乱れている子どもの保護者に①

『 夜寝るのが遅いと、朝、元気よく行動す
るのに時間がかかってしまいますよね 』

(×NG) 『 夜ふかししているから、○○ちゃんは朝ぐずるんですよ 』

解説 「夜ふかしはダメです」と直接的には伝えず、夜ふかしのデメリットをわかりやすく説明しましょう。

No.138 生活リズムが乱れている子どもの保護者に②

『 早寝早起きができると、朝の準備も少
し楽になると思いますよ 』

(×NG) 『 まだ子どもなんですから、早寝早起きをさせてください 』

解説 理想的な朝の過ごし方を具体的に示します。「いつもより15分、早起きしてみてはいかがですか？」などの提案をしてもよいでしょう。

保育のコミュニケーションの基本

1 大人への言葉がけ

2 子どもへの言葉がけ

3 子どもとのことを伝える

4 保護者との対話

5 保護者からの相談

6 困ったときの対応

7 スタッフとのコミュニケーション

日本語が母国語ではない
保護者への伝え方

近年、外国人の子どもや保護者が増えています。日本語を母国語としない保護者には、わかりやすい日本語で伝えることを意識するようにしましょう。

複雑な表現をしない

疑問形の誘い言葉や二重否定などの複雑な表現は避けましょう。

> ✖「保育参観にいらっしゃいませんか?」
> ➡ ◯「保育参観に来てください」
>
> ✖「平日でないと、保育はありません」
> ➡ ◯「平日は保育があります」

わかりやすい順序で伝える

実行する順番に述べるなど、理解しやすい伝え方をしましょう。

> ✖「最後にA公園に行きますが、最初に山登りをします」
> ◯「最初に山登りをして、最後にB公園に行きます」

省略や婉曲表現は避ける

日本の文化や常識、習慣をもとにした表現は避けましょう。

> ✖「桜が咲くころには、より活動しやすい服装にしてください」
> ◯「春には、体が動かしやすい服装にしてください」

保護者からの
相談

保護者からの相談に応じることは
保育士の大切な役割です。
保護者がよりよい子育てをできるように、
適切なアドバイスを心がけましょう。

よく話を聞いたうえで
アドバイスを

相談を受けるときは

　核家族化の進行とともに家庭環境が複雑になっていることもあり、保育士が保護者から相談を受けることが増えています。

　相談内容は、子どもの発達の不安や子どもとの接し方などの悩みが中心です。そんな保護者の不安と悩みにアドバイスをするには、保護者の思いを十分聞き取ることが大切です。話をするだけで気持ちの整理がつき、心が軽くなる保護者もいます。

　相談されたときは責めたり感情的な物言いをするなど、保護者を追い詰めるような発言は避けます。また、アドバイスをするにしても提案に留め、それを実行するかは保護者の意思に委ねるようにしましょう。

保護者の様子		保育士の対応
1 子どもの発達に不安がある。	➡	**1** 発達には個人差があることや、園でのちょっとした変化を伝える。
2 子どもへの接し方がわからない。	➡	**2** 園での接し方を説明する。
3 子どもの問題行動をやめさせたい。	➡	**3** 問題行動の原因を説明し、具体的な対応法を伝える。

保育のコミュニケーション力
の基本

1 基本の
言葉かけ

2 子どもへの
声かけ

3 子どものこころ
をつかむ

4 保護者への
対応

5 保護者からの
相談

6 こんなときの
対応

7 ハプニングの
伝えかた

No.139 なんでも「やって」と言う子どもを心配する保護者に①

『 ある程度やってあげても、なにもできない子にはなりませんよ 』

✕NG『 放っておけばいいですよ 』

解説 「やって」は子どもの甘えたい気持ちの表れです。子どもの気持ちをある程度受け入れる必要があることを説明します。

No.140 なんでも「やって」と言う子どもを心配する保護者に②

『 園では、「これはやってあげるから、こっちは自分でしようね」と伝えています 』

✕NG『 過保護すぎるんじゃないですか? 』

解説 明らかに保護者が手をだしすぎと感じられる場合には、子どもが自分からやりたくなるような工夫を提案しましょう。

No.141 食が細い子どもを心配する保護者に

『 食べる量は子どもによって違いますし、日によっても違うので、あまり気になさらなくても大丈夫ですよ 』

✕NG『 いつか食べるんじゃないですか 』

解説 食の細さはほかの子どもと比較しやすいため、気にする保護者が多いものです。個人差があることをはっきりと伝えましょう。

No.142 習い事をさせるかどうかの質問に①

「嫌がっているようなら、興味をもつまで待ってみてはいかがでしょう?」

×NG 「 やめたほうがいいですよ 」

解説 子どもが拒否している習い事については、やめさせるのではなく「時期を待って」と伝えれば、保護者も納得しやすいです。

No.143 習い事をさせるかどうかの質問に②

「楽しみながらできるのであれば、悪いことではないですよ 」

×NG 「 無理させてませんか? 」

解説 習い事はあくまで子どもが行うものです。子ども本人が楽しんで「やりたい!」と思えているかどうかを判断基準にします。

No.144 「先生だとうまくいくのに、どうして自分にはわがままを言うのか」と落ち込む保護者に

「 お母さんを信頼している証だと思いますよ 」

×NG 「 お母さんが手をだしすぎなんですよ 」

解説 子どもは保護者を信頼しているからこそ、わがままを言ったりするものです。その事実を伝え、保護者の落ち込む気持ちを和らげましょう。

「子どもが迷惑をかけてないか」と心配する保護者に

「 ○○ちゃんだけが大変ということはありません 」

✗NG 「 確かに大変ですね 」

解説 実際に保育が大変な子どもについては「大変ではない」とうそをつかず、子どもは手がかかるのが一般的であることを伝えましょう。

「共感」と「同情」の違いは？

　保護者の相談を聞くときは、相手の気持ちに共感することが大切です。共感と似たものに「同情」がありますが、2つの違いを理解して、使い分けましょう。

共感

相手の話に対して、たとえ自分が感じない気持ちであっても「そういう気持ちになるかもしれない」と認め、同意すること。

同情

相手の話を聞き、「私にもその経験があるからわかる」と感じ、自分と相手を同一視してしまうこと。

　保護者からの相談を保育士が同情で受け止めてしまうと、保護者の気持ちを尊重せず、勝手に話を進めてしまいかねません。また、保護者からの相談の中には保育士が経験していないことや、反感を覚えるような内容のものもあります。ですから「その気持ちを抱くのは当然ですよ」と保護者に共感し、認めてあげることが望ましいです。

CHAPTER
5-2
保護者から
の相談

解決できる
アドバイスを行う

保護者の個別相談

　保育所保育指針では、保護者からの申し出があった場合、保護者からの相談を個別（マンツーマン）で受けることを定めています。この場合の相談には、必ず解決できる提案をすることが求められています。たとえば偏食の相談であれば、確実に偏食を改善できるアドバイスをします。

　保護者からの個別相談を受ける場合は、相談援助技術の基本「バイステックの7原則」をもとに行います。保育所保育指針では、個別相談のときには7原則にある「受容（相手を受け入れる）」「自己決定（相手に決定を委ねる）」「秘密保持（プライバシーを漏らさない）」の3つを遵守することが規定されています。

保護者の様子		保育士の対応
1 保育士と1対1で悩みを相談したい。	➡	1 申し出があれば、必ず個別相談に応じる。
2 自分はダメな親だと思っている。	➡	2 なぜ「ダメ」だと思うのかを話してもらう。
3 保育士のアドバイスどおりにできるか自信がない。	➡	3 アドバイスをどの程度実行するかは、保護者の判断に委ねる。

No.146 「子どもに手を上げてしまった」という保護者に①

『 親も人間ですから、感情的になること もありますよ 』

(×NG) 『 そういうことを言ったらダメですよ 』

(解説) どんな保護者も完璧な人間ではありません。頭ごなしに注意するのではなく、「仕方のないこと」と捉えるようにしましょう。

No.147 「子どもに手を上げてしまった」という保護者に②

『 反省されているのであれば、これから よい親子関係を作ることが大切ですよ 』

(×NG) 『 反省しました？ 』

(解説) 保育士に相談している時点で、保護者は自分の行動を反省しています。その態度が今後の親子関係につながることを伝えましょう。

No.148 つらい気持ちを打ち明けられたとき①

『 お話をうかがい、涙が出そうになりました 』

(×NG) 『 大変だけど、自分の子どもだから仕方ないですよね 』

(解説) 「つらい気持ちをわかってもらえない」と思っている保護者には、子育てのつらさに共感する言葉をかけましょう。

No.149 つらい気持ちを打ち明けられたとき②

『 子どもの成長は行ったり来たりのくり返しです。長い目で見ていきましょう 』

[×NG] 『 子育てはがまんの連続ですよ 』

[解説] 子育てがうまくいかずに落ち込む保護者には、子どもの成長・発達が一直線に進むものではないことを伝えましょう。

No.150 つらい気持ちを打ち明けられたとき③

『 子育てに正解はありませんからね 』

[×NG] 『 親なのに、そんなこともわからないんですか？ 』

[解説] 「正しい子育て」にこだわりが見える保護者には、子育てには正解はなく、子どもの個性に合わせて行うべきものと伝えます。

No.151 トイレトレーニングがうまくいかないと嘆く保護者に①

『 ○○ではなく、思い切って××をしてみる作戦はいかがですか？ 』

[×NG] 『 ○○するのは無理ですよ 』

[解説] 月齢・年齢的に無理があるならば、やんわりと「××を試しては？」とほかの方法を勧めましょう。

No.152 トイレトレーニングがうまくいかないと嘆く保護者に②

『 ○○が身につくまで、いっしょに考えていきましょう 』

×NG 『 早くできるようになればいいですけど 』

解説 努力を保護者だけに背負わせず、自分も支えていくことを伝えれば、保護者もゆったりとした気持ちで子どもと向き合えます。

保育士には守秘義務がある

保護者に確認したいことがあればプライバシーに配慮して、ほかの人がいない場所や時間を選ぶようにします。どんなときでも、「この程度の話なら大丈夫」と油断したり、「あの人になら聞かれても平気」と思い込まず、配慮を怠らないようにしましょう。

また、保育士には児童福祉法で守秘義務違反があった場合の罰則が設けられています。園内のことや、子ども・保護者の個人情報の取り扱いには十分に気をつけましょう。

個人情報取り扱いの注意点

● 個人情報を含むデータや書類は、園外に持ちださない。

● 園内のことを、人の目があるところで口外しない。

● 個人のSNSに、園内活動に関する投稿はしない。

> うちの園の○○ちゃんがね

「泣く回数は減る」と
見通しを伝える

個別相談①
園で泣いてばかりいる

　子どもが園で泣いてばかりいると、保護者は子どもと離れること
に不安を感じます。保育士は保護者の気持ちに共感しながら、子ど
もの現状とこれからの成長について説明しましょう。

　まず、園での子どもの様子を説明します。安心させたいからと
いって「泣いていません」と嘘をつかず、「登園直後は泣いていま
した」と具体的な様子を伝えます。そのうえで、泣き止んだタイミ
ングや泣き終わったあとの様子を伝え、保護者の不安を取り除きま
しょう。最後に、「これからは泣くことも減っていくと思います」と、
今後の見通しを伝えます。ほかの子どもの例を挙げて説明してもよ
いでしょう。

保護者の様子		保育士の対応
1 子どもを通園させないほうがいいと思っている。	➡	**1** 保護者が安心して通園させられるように、子どもの様子を説明する。
2 子どもの園での様子を知りたい。	➡	**2** 子どもの園での様子を正しく伝える。
3 子どもが泣かずに過ごせるようになるのか不安。	➡	**3** これからの子どもの成長過程について、具体的に説明する。

No.153 相談への対応①

『 確かに、午前中は泣いていることが多かったです 』

×NG 『 確かに、泣いてばかりいましたね 』

解説 実際に泣いてばかりいるのであれば、その事実を伝えます。ただし、「泣きっぱなしだった」など、保護者が不安になる表現は避けます。

No.154 相談への対応②

『 保育士といっしょにいるうちに落ち着いて、お友達とも遊べていましたよ 』

×NG 『 ぜんぜん泣きやまなかったです 』

解説 たとえ小さなことでも子どもの成長につながることは報告しましょう。保護者の安心につながります。

No.155 相談への対応③

『 だんだん泣いている時間が短くなってきていますから、ご安心ください 』

×NG 『 そのうちよくなりますよ 』

解説 相談を受けた内容について「今後どうなるか（どうするのか）」を具体的に伝え、解決に導きます。

ひとり遊びについて
正しく認識してもらう

個別相談②
ひとり遊びばかりしている

　子どもがひとり遊びばかりしていると、保護者は「友達ができないのでは」と心配しますが、ひとり遊びは子どもの集中力や思考力を育む、とても大切な時間でもあります。ですから、ひとり遊びのネガティブなイメージを取り除く言葉を保護者に伝え、安心させましょう。

　また、園で集団生活をしていると、ひとり遊びをしていても次第に友達との遊びにも興味を示すようになります。現在、その子が友達にどのような反応をしているか、さらに保育士がどのような対応をしているかを説明し、保護者には子どもの成長を長い目で見守ってもらうようにお願いします。

保護者の様子		保育士の対応
1 ひとり遊びばかりで、友達がいないのが不安。	➡	**1** ひとり遊びは、子どもの発達にとって大切な時間であることを伝える。
2 いつになったら友達と遊べるのだろうか。	➡	**2** 現在、友達にどの程度興味をもっているかを伝える。
3 保育士が子どもにどんな対応をしてくれているのか知りたい。	➡	**3** 保育士がどのように子どものサポートをするかを説明する。

No.156 相談への対応①

「お子さんによっては、ひとり遊びを好むこともあるんですよ」

×NG 「ひとり遊びが悪いわけじゃないです」

解説 保護者がひとり遊びにネガティブなイメージをもっているようであれば、それを取り除く言葉をかけましょう。

No.157 相談への対応②

「○○くんはひとり遊びをしながらも、今はお友達との遊びにも興味を示しています」

×NG 「ひとり遊びばかりで、こっちも不安です」

解説 ひとり遊びの中でも友達に興味をもっているような様子があれば、保護者に伝えましょう。

No.158 相談への対応③

「私どもも、○○くんがどこかでお友達とかかわりをもつチャンスをうかがっているところです」

×NG 「そのうちなんとかなるんじゃないですか」

解説 保育士が子どもにどのような対応をしているかを具体的に伝え、保護者の不安を取り除きましょう。

脅しは使わず
自立を促す

個別相談③
イヤイヤ期の子ども

　子どものイヤイヤ期は、自己主張が始まった証拠です。自立への第一歩とも捉えられますが、何事にも「イヤ」と言われることにストレスを抱える保護者は少なくありません。

　保護者からの相談には、園での子どものイヤイヤの様子を伝え、どのような対応をしているかを説明しましょう。子どもに行動してもらうためには、「○○しないとおばけが来るよ」などの脅しは使わず、「AとB、どっちがいい？」と選択させるようにします。

　ただし、わざとコップの水をこぼすなどの行為や危険な行為をする場合には、「そういうことをしてはいけません」と毅然とした態度で対応しましょう。

保護者の様子		保育士の対応
1 イヤイヤが、自分だけに向けられていると感じている。	➡	**1** 園でもイヤイヤが見られるようであれば、その様子を伝える。
2 イヤイヤばかりの子どもにどう対応していいか、わからない。	➡	**2** 園での対応を具体的に説明する。
3 イヤイヤ期の子どもが危険な行為をする。	➡	毅然とした態度で「ダメです」と注意することを促す。

No.159 相談への対応①

『 園でも、ときどき「先生なんか嫌い!」と言うことがあります 』

×NG 『 「園では言わないですね」とうそをつく 』

解説 園でのイヤイヤの反応を伝え、子どものイヤイヤが保護者だけに向けられているわけではないことを説明しましょう。

No.160 相談への対応②

『 少し時間をおいてから「トイレに行ってみない?」と聞くと、ニコニコ顔で「行く!」と言ってくれますよ 』

×NG 『 そういうときは、なにを言っても無駄ですよね 』

解説 園で行っているイヤイヤへの対処法を具体的に説明します。家でも実行できるようなことを伝えましょう。

No.161 相談への対応③

『 イヤイヤが出てきたら、少し時間をおいてみるのもいいかもしれませんね 』

×NG 『 放っておけばいいですよ 』

解説 関心をひきたいだけのイヤイヤに対応するには、時間をおいたり、大人が毅然とした態度を貫くことも大切です。

個人差があることを
伝える

個別相談④
1歳を過ぎても歩かない

　子どもの成長・発達について確認することは、保育士の大切な役割のひとつです。そこで問題が見当たらないにもかかわらず、保護者が「歩きだすのが遅い」と心配を口にするときは、反論せずに「心配な気持ちはわかります」と共感しましょう。

　成長・発達の悩みを抱える保護者は、自分の子どもと近い月齢・年齢の子と比較して不安に陥っていることが多いので、子どもの成長・発達には個人差があることを伝える必要があります。そのときは、園のほかの子どもを例にして説明すると保護者も納得しやすくなります。また、子どもはゆっくり成長することも説明し、あせらず見守ってもらえるようにサポートしましょう。

保護者の様子		保育士の対応
1 子どもになんらかの障害があるのではないかと疑っている。	➡	**1** 保護者の不安な気持ちに共感する。
2 ほかの子どもと比較し、不安になっている。	➡	**2** 子どもの成長・発達には個人差があることを説明する。
3 子どもの成長・発達の遅さに、あせりを感じている。	➡	**3** 子どもをあせらず見守ることの大切さを伝える。

No.162 相談への対応①

『 確かに、歩き始めるのが遅いことは、
気になることかもしれませんね 』

✕NG 『 気にしすぎですよ 』

解説 保護者が少々気にしすぎな様子であっても、「気になるのは当然のこと」
と保護者の気持ちに共感しましょう。

No.163 相談への対応②

『 発達には個人差があります。園では
1歳5ヶ月で歩き始めた子もいました 』

✕NG 『 そのうち歩くようになりますよ 』

解説 ほかの子どもの例を挙げ、子どもの成長・発達には個人差があることを
説明しましょう。

No.164 相談への対応③

『 ○○ちゃんはまだ1歳3ヶ月ですから、
これからの成長を見守りましょう 』

✕NG 『 大丈夫じゃないですか？ 』

解説 保護者が自分の子をほかの子と比較せず、あせらず見守ることができる
ような言葉をかけます。

ほかの言葉に
言い換えられるようにする

個別相談⑤
言葉遣いが乱暴で気になる

　子どもが乱暴な言葉を使うのは、その言葉が悪いものという認識がなかったり、ほかに表現できる言葉を知らないことが考えられます。乱暴な言葉を話すことで大人が反応するのが面白くなり、使い続けている場合もあります。

　子どもの乱暴な言葉遣いで悩んでいる保護者には、乱暴な言葉をほかの言葉に言い換えさせるよう提案しましょう。また、子どもの言葉遣いは、家族などのまわりの大人やテレビから影響されることが多いです。もし子どもが乱暴な言葉遣いをしているようであれば、まずは大人が言葉遣いを見直す必要があることも伝えましょう。

保護者の様子	保育士の対応
1 子どもの言葉遣いを、頭ごなしに「ダメ!」と叱っている。	**1** 大人の反応を面白がっている可能性を説明する。
2 子どもの乱暴な言葉遣いをほったらかしにしている。	**2** ほかの言葉に言い換えて話すように、保護者から子どもに指導してもらう。
3 乱暴な言葉を園で覚えていると思っている。	**3** 保育士はもちろん、保護者にも言葉遣いを改めて見直してもらう。

No.165 相談への対応①

『 今はよくない言葉も使ってみたい時期です。
しばらくすると使わなくなると思いますよ 』

✕NG 『 この時期は仕方ないですよ 』

解説 乱暴な言葉が悪いものという自覚が子ども自身にめばえれば、次第に言葉遣いが変わってくることを説明します。

No.166 相談への対応②

『「それってどういう意味?」と尋ね、ほかの
言葉に言い換えさせるとよいです』

✕NG 『 どうするべきか、自分で考えてください 』

解説 乱暴な言葉を使わず、別の言葉で表現することを保護者から子どもに教えるよう提案しましょう。

No.167 相談への対応③

『 職員も意識して、ていねいな言葉遣
いをするようにします 』

✕NG 『 言葉遣いはご家庭の問題ですよ 』

解説 子どもの言葉遣いは、まわりの大人の影響が強いものです。「私たちも気をつける」ことを伝え、保護者にも気をつけてもらうようにします。

子どもの気持ちを
代弁する

個別相談⑥
朝、ぐずられてしまう

　朝は時間に余裕がないことが多く、保護者は出社・通園の準備で精一杯です。しかし、子どもは少しでも保護者と触れ合っていたいため、登園前にぐずってしまうのです。

　保護者の相談には、朝の準備の大変さに共感しながらも、「お母さんといっしょにいたいのかな？」と子どもの気持ちを代弁しましょう。また、子どもが自分で気持ちの整理ができるようにするため、朝はできるだけ時間に余裕をもつことをアドバイスします。早寝早起きをすることが理想ですが、それぞれの家庭の事情を踏まえ、最適な方法を提案しましょう。

保護者の様子	保育士の対応
1 朝は時間がないから、子どもにかまっていられない。	**1** 「ママと触れ合っていたいのでは？」と、子どもの気持ちを代弁する。
2 早起きできないことに、罪悪感を抱いている。	**2** 「早起きして、子どもと触れ合う時間を15分でも作ってみませんか？」とアドバイスする。
3 夜遅くまで仕事なので、朝は早く起きられない。	**3** 夜に朝の準備をある程度済ませるなど、家庭の事情にあったアドバイスをする。

保護者とのコミュニケーションのきほん

1 ほめの言葉かけ

2 子どもへの声かけ

3 子どもとの対話

4 保護者との対話

5 保護者からの相談

6 叱るときの対応

7 トラブルへの言葉かけ

No.168 相談への対応①

『 ○○くんは、お母さんと過ごす時間が欲しいんですね 』

✕NG 『 子どもは泣くのが仕事です 』

解説 保護者の困っている気持ちに共感しながら、子どもの気持ちを代弁する言葉を伝えましょう。

No.169 相談への対応②

『 少しだけ早く起きることで、快適な気持ちで園に来られるかもしれません 』

✕NG 『 遅く起きるのが原因じゃないんですか? 』

解説 朝、子どもが気持ちを整理する時間を確保するには、早めの起床が効果的であることを押し付けることなく伝えます。

No.170 相談への対応③

『 朝の余裕を作るために、夜、早めに休むようにしてみてはいかがでしょう 』

✕NG 『 どうせ夜ふかしをしているんでしょう? 』

解説 早寝をすることが早起きにつながることを説明します。ただし、それぞれの家庭の事情を踏まえ、謙虚な姿勢で提案しましょう。

子どもの味覚の
傾向を知る

個別相談⑦
野菜嫌いを改善したい

　子どもが野菜を食べたがらないのにはさまざまな理由があります
が、それを考えていても解決の手段にはなりません。いろいろな食
べ物をふだんの食事に取り入れながら、子どもの味覚を育てていく
ことが大切です。

　まずは、保護者に子どもの食べたいものと食べたくないものの傾
向を探ってもらいましょう。味や食感、においなどの傾向がわかれ
ば対応しやすくなります。また、保育園で野菜嫌いの子どもが改善
できたレシピやエピソードがあれば、提案してみましょう。ただし、
こちらからはあくまで提案に留め、実際に実行するかは保護者に委
ねます。

保護者の様子		保育士の対応
1 どうして野菜を食べないのか、考え込んでしまっている。	➡	**1** 子どもの味覚の傾向をつかむところから始めてもらう。
2 野菜を細かく刻み、見えないようにしてから食べさせている。	➡	**2** 見えないようにして食べさせることは、根本的な解決にならないことを伝える。
3 どうすれば野菜を食べてくれるか、わからない。	➡	**3** 園で野菜嫌いを克服できたレシピやエピソードを伝える。

No.171 相談への対応①

「野菜を食べられないと、健康面など心配ですよね」

×NG 「野菜を食べないと、将来困りますよ」

解説 「野菜を食べないと、病気になるのではないか」「偏食がずっと続くのでは」といった保護者の不安を受け止める言葉をかけましょう。

No.172 相談への対応②

「レシピを工夫して、野菜嫌いが改善したケースがあります。同じようにやってみますか?」

×NG 「ご家庭で工夫をすれば改善できますよ」

解説 野菜嫌いを克服するための、具体的なアドバイスを提案します。ただし、それを実行するかどうかは、保護者に委ねましょう。

No.173 相談への対応③

「レシピの選択や食べさせる頻度など、いっしょに計画を立てましょう」

×NG 「こちらで適当に改善プランを立てておきますね」

解説 個別相談の解決へのプランは、保育士と保護者が共同で作成するのが基本です。一方的な押しつけは避けましょう。

乱暴する
理由を尋ねる

個別相談⑧
友達に乱暴な態度をとる

　子どもが友達を叩くなどの乱暴な態度をとってしまうケースは、おもに言葉よりも先に手が出てしまうために生じます。これは、子どもの言語能力が未発達で、語彙が少ないことが原因ですので、悪意があって乱暴にしているわけではないことを保護者に説明しましょう。

　また、子どもが乱暴な態度をとったときは、相手を傷つけたことを注意するのはもちろん、「どうして叩いたの？」と理由を尋ねることも大切です。理由がわかったら、「今度は叩かずに、××してみよう」と提案し、それができたら「すごいね」と褒めることをアドバイスしましょう。

保護者の様子		保育士の対応
1 子どもが乱暴者だと思い込んでいる。	➡	**1** 子どもが悪意で乱暴しているわけではないことを説明する。
2 自分の子どもが友達を傷つけてしまい、落ち込んでいる。	➡	**2** 相手を傷つけたことを注意したうえで、乱暴をした理由を聞いてもらう。
3 子どものしつけができていないのではないかと不安になっている。	➡	**3** 子どもに「今度は叩かずに××しよう」と提案してもらうようにする。

保護者とのコミュニケーションの基本

基本の

子どもの

子どものこと

保護者との対応

5
相談 保護者からの

困ったときの

タイプ別の

No.174 相談への対応①

『 どうしてなんでしょう。言いたいことがうまく言えず、手が出てしまうのでしょうか? 』

✕NG 『 乱暴な子なんですね 』

解説 乱暴な態度をとるからといって、その子に悪意があるわけでないことを説明しましょう。

No.175 相談への対応②

『 「××がしたかったのかな?」など、聞いてあげてください 』

✕NG 『 「どうして乱暴にするの!」と叱ってください 』

解説 子どもの行動には必ず理由があります。子どもが乱暴な態度をとったときは、その理由を確認するように伝えましょう。

No.176 相談への対応③

『 「そういうときは『やめて』と言ってごらん」など、言葉で伝えられるようになるといいですね 』

✕NG 『 お母さんとのコミュニケーションが足りないんじゃないですか 』

解説 乱暴な行動の理由がわかったら、暴力ではなく言葉で伝えられるように指導する方針を示します。

大人が
ルールを決める

個別相談⑨
スマートフォンばかり見る

　日常生活や学習において、スマートフォンやタブレットなどの電子機器が必要不可欠なものになっています。特に教育現場では、タブレットを用いた学習が広まりつつありますので、幼いころからそれらの電子機器に触れて慣れておくことは決して悪いことではありません。ただし、使用する時間を決めたり、使用するアプリを制限するなどして大人がルールを作り、子どもの使用をコントロールすることが大切なことを保護者に伝えましょう。

　また、子どもがスマートフォンを使わない時間は保護者も極力使わないようにして、子どもと触れ合う時間を増やす必要があることもアドバイスしましょう。

保護者の様子		保育士の対応
1 スマートフォンの使いすぎは子どもに害があるのではないかと思っている。	➡	**1** 子どもがスマートフォンに触れること自体は、なんの問題もないことを伝える。
2 子どものスマートフォンの使用を、どうやってコントロールすべきか悩んでいる。	➡	**2** 時間制限など、具体的なアドバイスをする。
3 保護者自身も、いつもスマートフォンを使っている。	➡	**3** 保護者も子どもといっしょにスマートフォンを使わない時間を作るよう、提案する。

No.177 相談への対応①

「 今の時代、スマートフォンに幼いころから慣れておくことは悪いことではありません 」

[×NG] 「 スマホを見せるのを、すぐにやめさせてください 」

(解説) 前提として、スマートフォンなどの機器に触れること自体は悪くないことを話しましょう。

No.178 相談への対応②

「「1日に○分だけ使おうね」など、お母さんとルールを作るといいですね 」

[×NG] 「 スマホを隠せばいいんじゃないですか 」

(解説) スマートフォンやタブレットは、保護者が決めたルールを守って使わせるように説明します。

No.179 相談への対応③

「 お母さんもいっしょに、スマホを見ない時間を30分でも作ってみるといいかもしれませんね 」

[×NG] 「 お母さんがスマホを見すぎているんでしょう？ 」

(解説) 保護者もいっしょにスマートフォンから離れる時間を作り、子どもと触れ合う時間を増やすようにアドバイスします。

どんなタイミングで
噛むかを見極める

個別相談⑩
爪を噛むくせがある

　子どもの爪を噛むくせをやめさせるには、どんなタイミングで噛んでいるのかを保護者に把握してもらう必要があります。退屈なときや寂しさを感じているときなど噛むタイミングの傾向がわかったら、子どもが噛みそうなときに声をかけたり、触れ合う時間を増やすことを保護者に伝えましょう。

　「みっともないからやめて」「歯並びが悪くなるから」と無理に爪噛みをやめさせようとすると、噛むことに罪悪感を抱き、隠れて爪噛みをするようになります。「爪は汚れているからね」と、衛生面から爪噛みを行うべきでない理由を説明すれば子どもでも納得して爪噛みをやめられることを保護者に伝えましょう。

保護者の様子		保育士の対応
1 爪噛みはみっともないからやめてほしい。	➡	**1** 噛むことに罪悪感を抱かせるような注意はしないように説明する。
2 爪噛みが甘えのサインではないかと思っている。	➡	**2** 甘えのサインであれば、甘えさせることが大切であることを伝える。
3 爪噛みを、園で注意してほしい。	➡	**3** 園では注意せずに、子ども自身でやめられるように指導することを伝える。

No.180 相談への対応①

「 どういうタイミングで噛んでいるのか、
　よく見てあげてください 」

✕NG 「 やめさせたほうがいいですよ 」

解説 爪噛みは退屈なときや寂しいときなどに行われることがあります。その
子がどんなタイミングで行っているのかを確認してもらいましょう。

No.181 相談への対応②

「 なにかを訴えているサインかもしれないので、
　「こっちにおいで」と甘えさせてあげてください 」

✕NG 「 「ダメだよ!」と強く言ってください 」

解説 爪噛みをしたときは、触れ合うことをアドバイスしましょう。無理にや
めさせようとすると、隠れて爪を噛むこともあります。

No.182 相談への対応③

「 噛むことを否定せず、「爪にはバイキンがつ
　いているんだよ」と教えてあげてください 」

✕NG 「 「歯並びが悪くなる!」と叱ってください 」

解説 子どもには爪を噛んでいることに罪悪感を抱かせず、「衛生的によくな
い」とやんわりと伝えるようアドバイスしましょう。

平等にではなく
個別に向き合う

個別相談⑪
3人の子育てが大変

　2人以上の子どもをもつ保護者ならば、どの子にも平等に、愛情をそそいで育てたいと思うものです。しかし、毎日の育児に追われていると、どうしても手のかかる末っ子ばかりと向き合うことが多くなってしまいます。そのため、ほかの子に寂しい思いをさせているかもしれないと、不安を抱く保護者の気持ちを察しましょう。

　年齢が異なる子どもたちを平等に扱うことは、ほぼ不可能です。そこで、それぞれの子どもが求めるものを個別に見極めた対応を心がけてアドバイスしましょう。また、兄弟の間で比較することは避け、その子なりの成長・発達を認める言葉をかけることをアドバイスしましょう。

保護者の様子		保育士の対応
1 毎日育児が大変で、余裕がない。	➡	**1** 家族や知人に、育児のサポートしてもらうように促す。
2 末っ子の子育てが大変で、上の子どもたちをほったらかしている。	➡	**2** 「それでも立派に子育てをしている」ことを認める。
3 兄弟を比べてしまう。	➡	**3** 比較はせず、それぞれの子どもの成長・発達を認める。

保育のコミュニケーションの基本

1 基本の言葉がけ

2 子どもへの声かけ

3 子どものことを伝える

4 保護者との対談

5 保護者からの相談

3 困ったときの対応

7 スタッフへの言葉がけ

No.183 相談への対応①

『 それではお母さんが大変ですね。でも、3人のお子さんをしっかり育てていてご立派です 』

✕NG 『 親として責任をはたすのはあたり前じゃないですか? 』

解説 保護者の苦労や大変さに共感し、「今のあなたでも十分立派」と認める言葉をかけましょう。

No.184 相談への対応②

『 それぞれのお子さんと2人きりになれる時間を、なるべく作ってあげてください 』

✕NG 『 平等にかかわれなくても仕方ないですよ 』

解説 それぞれの子どもを平等に扱うのではなく、個別にかかわることを意識すれば、ひとりひとりの気持ちを尊重できることを伝えます。

No.185 相談への対応③

『 それぞれのお子さんに、「あなたが大切よ」と伝えてあげてください 』

✕NG 『 末っ子ちゃんをかわいがればいいんじゃないですかね 』

解説 子ども同士を比較せず、それぞれに「あなたは大切な存在」と伝えることをアドバイスしましょう。

会話の機会を
なるべく増やす

個別相談⑫
言葉の発達が遅れている

　言葉の発達には、言葉を聞く聴力や言語を認知する知能、声をだす運動機能などの能力が必要で、そこに子ども自身が「話したい」と欲求をもつことで、言葉を発するようになります。保護者が言葉の遅れを気にしている場合、まずはこれらの能力の発達に問題がないかを確認したうえで対応を考えます。

　子どもの発達に問題がないにもかかわらず、保護者が言葉の遅れを気にしている場合は、子どもと会話する機会をなるべく増やすようにアドバイスしましょう。いっしょに絵本を読みながら、「これはなに？」「この人はどうしたのかな？」と質問し、子どもが答えるようにするといった工夫をアドバイスするとよいでしょう。

保護者の様子	保育士の対応
1 言葉が遅いので、発達に問題があるのではないかと思っている。	1 保育士が発達を確認し、対応を考える。
2 言葉が遅いとは思いながらも、どうしていいかわからない。	2 子どもが話す機会を増やせるようなアドバイスをする。
3 言葉を教えるために、ひらがなの勉強をさせようとしている。	3 子どもは遊びの中で言葉を覚えていくことを説明する。

No.186 相談への対応①

「特に遅いとは思いませんが、気になるのですね」

✕NG「お母さんの思いすごしですよ」

解説 保育士から見て特に遅れがないと感じられるものでも、保護者の不安を受け止めることが大切です。

No.187 相談への対応②

「話すことに自信がないのかもしれません。話せる機会をできるだけ増やしてみてはいかがでしょうか」

✕NG「たくさん話せる機会があればいいんですよ」

解説 言葉の発達には話すことへの慣れが必要です。話す機会を増やすことを促してみましょう。

No.188 相談への対応③

「音読も効果がありますので、話す機会を作ることも含めて、改善プランを立ててみませんか?」

✕NG「音読も効果がありますので、何か絵本を探しておきますね」

解説 改善のプランを提案したら、保護者が希望するかどうかを確認したうえで実行します。保護者の同意を得ずに行うのはNGです。

バイスティックの7原則

「バイスティックの7原則」（P.94参照）は、相談支援の対人援助技術のひとつです。保護者の思いを十分に汲み取って、支援を行う場合に用いられます。

①個別化の原則

保護者からの相談内容が同じ場合でも、個々に事情が異なるので、ひとりひとりの状況を理解し、個別に対処する。

②意図された感情表出の原則

保護者が自分の気持ちを自由に出せるように支援する。

③統制された情緒的関与の原則

保護者に非難・反論はせず、どんな言動に対しても「分かります」「大変ですね」など、情緒的に関わるスタンスを保つ。

④受容の原則

保護者ひとりひとりの立場や事情を理解して、受け入れる。

⑤非審判的態度の原則

保護者の言動について良し悪しの判断や、注意・叱責はしない。

⑥自己決定の原則

保護者が自己決定できるように、保護者の希望が明確になるサポートをする。

⑦秘密保持の原則

保護者の相談内容などを、たとえ家族・親族であっても知らせない。

CHAPTER

6

困ったときの
対応

保護者からの相談に応じることは、
保育士の大切な役割です。
保護者がよりよい子育てができるように、
適切なアドバイスを心がけましょう。

状況に合わせた
謝り方をする

謝罪する

　どんなに気をつけていても、ミスや手違いは起こるものです。それによって迷惑をかけてしまったときは、すぐに謝る必要があります。ただし、間違った謝り方をするとかえって相手を怒らせてしまうことがありますから、ていねいに謝るだけでなく、正しい言葉遣いで状況に合った謝罪の言葉を述べましょう。たとえ相手に非があることでも、不快な気持ちにさせたことに謝罪します。

　怒りで感情的になっている相手に対し、当事者だけで対応をすると、かえってこじれてしまう場合があります。上役のスタッフに対応してもらうなどして、感情的にならない解決へ導くことも大切です。

保護者の様子		保育士の対応
1 こちらのミスに対し、怒っている。	➡	**1** すぐに謝罪する。
2 相手に非があるにもかかわらず、怒っている。	➡	**2** 不快にさせたことについて謝罪する。
3 感情的になりすぎている。	➡	**3** 謝罪したうえで上役のスタッフに相談し、当事者同士だけの対応を避ける。

No.189 謝罪する①

『申し訳ございません』

×NG 『すみません、ごめんなさい』

解説 保護者に謝罪するときは、「申し訳ございません」が基本です。「すみません」や「ごめんなさい」は用いません。

No.190 謝罪する②

『××につきまして、お詫びいたします』

×NG 『とにかく、謝ります』

解説 謝罪するときは、なにについて詫びているのかを明確にしましょう。

No.191 謝罪する③

『ご指摘いただくまで気づかず、申し訳ございません』

×NG 『気づかなかったです』

解説 保護者の怒りやその原因について、気づけなかったことに謝罪する言葉です。

No.192 謝罪する④

『 こちらの不注意で××になり、大変申し訳ございません 』

✕NG 『 こっちの責任ではないんですけど 』

解説 園で起こったことは、すべてにおいて責任があります。謝罪のときは、責任を感じていることを示しましょう。

No.193 謝罪する⑤

『 不快な思いをさせてしまい、申し訳ございません 』

✕NG 『 それ、私は悪くないですよね？ 』

解説 保護者の怒りがどんなものであっても、不快な気持ちにさせたことを早い段階で謝罪しましょう。

No.194 謝罪する⑥

『 ご意向に添えず、申し訳ございません 』

✕NG 『 無理でしたので、仕方ないですよね 』

解説 保護者から実現できないような要望があった場合でも、願いが叶えられないことについて謝罪しましょう。

保育のコミュニケーションの基本

1 基本の言葉がけ

2 子どもへの言葉がけ

3 子どものことを伝える

4 保護者との対話

5 保護者からの相談

6 困ったときの対応

7 スタッフへの言葉がけ

No.195 謝罪する⑦

「いろいろとご心配をおかけして、申し訳ございません」

×NG「気にしないでください」

解説 なんからのトラブルが重なったときは、無関係の保護者にも不安な気持ちにさせてしまったことを謝罪します

No.196 怒りを受け止める①

「お怒りになるのもごもっともです」

×NG「そんなに怒らないでください」

解説 保護者が怒っているときには反論せず、怒りの気持ちに共感することも大切です。

No.197 怒りを受け止める②

「ご指摘いただき、ありがとうございます」

×NG「わかりました」

解説 保護者から訴えがあったときは「改善すべき点を指摘してもらえた」と捉え、感謝するようにします。

謝罪で相手の
気持ちを落ち着かせる

クレーム

　保護者のクレームに対しては、まずクレームの原因になったことについてすぐに謝罪しましょう。そして、相手がどうして怒っているのかをしっかり聞き取ります。反論したり言葉をさえぎることなく、相手の話をうなずきながら聞きます。そのときには、「はい」「ごもっともです」と、相手の意見に同意するあいづちを打つようにしましょう。

　話をしているうちに、相手の気持ちが落ち着いてくるものです。話を聞き終えたタイミングで、再び謝罪をします。ここで言い訳や反論をすると相手が再び怒りだすこともあるので、謝るだけに留めます。

保護者の様子		保育士の対応
1 自分のクレームを聞いてほしい。	➡	**1** 反論や否定はせず、相手の話をすべて聞く。
2 極端な要望を訴えている。	➡	**2** 要望は可能な範囲でしか叶えられないことを伝える。
3 すぐには対応できないようなクレームを言っている。	➡	**3** 上役のスタッフと相談したうえで、後日、回答することを伝える。

No.198 クレームの内容を聞く①

「 くわしくお話を聞かせていただけませんか 」

×NG「 クレームの内容を教えてください 」

解説 相手のクレームの内容を正しく把握するためには、くわしい話を聞くことが大切です。

No.199 クレームの内容を聞く②

「 そのように思われたいきさつを教えてください 」

×NG「 どうしてそう思うんですか？ 」

解説 なぜ怒っているのかを聞きだします。現在までのいきさつを聞き取り、解決に導きましょう。

No.200 クレームの内容を聞く③

「 そのような行き違いがあったのですね 」

×NG「 それってどっちもどっちじゃないですか 」

解説 保護者側と園側のどちらにも否があるクレームの場合、「お互いの考えの行き違いのせいでこうなった」と説明しましょう。

No.201 上司に相談すべきクレームの場合

「私の一存では対処しかねますので、上の者に確認いたします」

✕NG 「ちょっと聞いてきます」

解説 自分だけでは判断できないことは、上役の指示を仰がなければなりません。そのことを相手にも理解してもらいましょう。

No.202 後輩へのクレームを引き受ける

「私がお話をうかがいます」

✕NG 「後輩では無理なので、私が担当します」

解説 後輩が受けたクレームを代わりに聞くときのひと言です。最初に「保育士の○○と申します」と名乗りましょう。

No.203 「うちの子が先生に泣かされたと言っている」というクレームの場合

「私たちが○○ちゃんの満たされない思いを、十分に受け止めてあげられなかったかもしれません」

✕NG 「泣かしていませんよ」

解説 子どもの真意がつかめなくても、子どもの気持ちを受け止められなかったことが原因と捉え、謝罪しましょう。

保育のコミュニケーションの基本
1 基本の言葉がけ
2 子どもへの声かけ
3 子どものことを伝える
4 保護者との対話
5 保護者からの相談
6 困ったときの対応
7 スタッフへの言葉がけ

No.204 「子どもの話を聞いたら、先生に腹が立った」という
クレームの場合

『 嫌な思いをさせてしまい、申し訳ございません 』

✕NG 『 なに言ってるんですか 』

解説 理由が不明確なクレームには、嫌な思いをさせてしまったことにしぼって謝罪します。

No.205 「うちの子がリレーの選手になれないのはおかしい」という
クレームの場合

『 最初はみんな主張ばかりしていたんですが、最終的に話し合って決めました 』

✕NG 『 みんなで決めたんだから、別にいいじゃないですか 』

解説 集団生活を行う場では、みんなで決めることが大切なことを、保護者にも説明しましょう。

No.206 今後の対応について①

『 今後、十分に気をつけます 』

✕NG 『 もうしませんから 』

解説 クレーム対応では最後まで言葉遣いに気をつけましょう。「ミスらないようにします」などのくだけた表現は避けます。

No.207 今後の対応について②

『 二度とこのようなことが起こらないように、徹底いたします 』

×NG『 もうしないと思います 』

解説 クレームの内容について個人ではなく組織として改善し、同じミスをくり返さないことを約束します。

No.208 クレームが保護者の勘違いだった場合①

『 話がわかりにくかったようで、申し訳ございません 』

×NG『 なんだ、勘違いだったんですね 』

解説 たとえ相手の勘違いだったとしても相手のせいにせず、こちらの伝え方にも不備があったことを謝罪します。

No.209 クレームが保護者の勘違いだった場合②

『 私もうっかりすることがありますので、気になさらないでください 』

×NG『 もう勘違いはしないでください 』

解説 相手が勘違いを気に病まないように、笑って流せる対応も大切です。

保育のコミュニケーション の基本

1 基本の言葉かけ

2 子どもへの声がけ

3 子どもへの伝えること を伝える

4 保護者との対話

5 保護者からの相談

6 困ったときの対応

7 スタッフへの言葉かけ

No.210 クレームに回答できないとき①

「園長と相談して、回答させていただきます」

✕NG その場で適当に答えてしまう。

解説 自分だけでは回答できないクレームには無理に答えず、園長などの上役と相談してから答えるようにします。

No.211 クレームに回答できないとき②

「園児たちの様子を確認してから、後日、回答させていただきます」

✕NG 「よくわからないです」

解説 事実を確認してから回答すべきクレームにはその旨を伝え、後日、回答します。

クレームに隠れた要望をつかもう

保護者からのクレームには、要望が隠れていることがあります。たとえば「この程度の発熱で連絡をするなんて！」というクレームは、「仕事を邪魔されたくない」という気持ちの表れでもあります。クレームを受けたら、相手の状況や気持ちも考えましょう。

園の責任を
明確にする

園でのトラブル①

子どものけが

　子どもの不注意が原因でも、園でのけがはすべて園の責任という認識で対処しましょう。

　保護者が迎えに来たら、すぐに子どものけがを見せて謝罪します。その後、けがをした経緯と、どのような治療をしたかを説明しましょう。直接見てなかったけがについては、ほかの保育士から話を聞き、保護者に正確に伝えられるようにしておきます。また、ほかの保育士と話が食い違わないように、園内で情報を共有しておきましょう。

　謝罪と説明が終わったら、家庭でも子どものけがの様子を確認してもらうようにお願いします。

保護者の様子		保育士の対応
1 子どものけがを見て、びっくりしている。	➡	子どものけがを見せながら、謝罪する。
2 どんな経緯でけがをしたかを知りたい。	➡	けがをした経緯と、どのような治療をしたかを説明する。
3 軽いけがでほっとしている。	➡	軽いけがであっても、家で様子を見てもらうようお願いする。

保育のコミュニケーションの基本

1 基本の言葉かけ

2 子どもへの声かけ

3 子どものことを伝える

4 保護者との対話

5 保護者からの相談

6 困ったときの対応

7 スタッフへの言葉かけ

No.212 トラブルの報告①

『 今日、園庭で転んでひざをすりむいて
しまい、応急処置をしました 』

×NG 『 そこでけがをしたんですよ 』

解説 けがの経緯については、「いつ・どこで・なにを・どうした」を明確に
し、治療の報告とともに伝えましょう。

No.213 トラブルの報告②

『 止めようとしたのですが、あと少しの
ところで間に合いませんでした 』

×NG 『 ○○ちゃんが勝手に走って転んだだけです 』

解説 園で発生したけがは、すべて園の責任です。子どもの不注意が原因でも、
子どもに責任を押し付けないようにします。

No.214 トラブルの報告③

『 おうちでの様子をお知らせください
ね 』

×NG 『 大したけがじゃないんで、大丈夫ですよね 』

解説 どんなに軽いけがでも、子どもが家で問題なく過ごせたかどうかを教え
てもらうようにします。

CHAPTER
6-4
困ったとき
の対応

相手の名前は
ださない

園でのトラブル②
友達に叩かれた

　子ども同士のトラブルの対応については、園の方針に従うのが基本です。

　一般的に被害を受けた側の子どもの保護者には、トラブルの経緯と子どもの状態、治療をしたことなどを伝えます。その際、加害者となった子どもの名前をだすことは避けます。安易に子どもの名前をだすと、保護者間でなんらかの問題が起こりかねないので注意が必要です。

　また、子ども同士のトラブルも、けがのとき（→P.134）と同様に園の責任として取り扱い、子どもに責任を転嫁させないようにしましょう。

保護者の様子		保育士の対応
1 どんなことでトラブルが起きたのかを知りたい。	➡	**1** トラブルの経緯を明確に伝える。
2 園がどのような対応をしたのか教えてほしい。	➡	**2** 加害者の子どもからの謝罪と、治療の有無などを説明する。
3 どの子が加害者なのか知りたい。	➡	**3** 園の方針として、名前は教えられないことを伝える。

No.215 トラブルの報告①

『 ○○ちゃんの遊んでいるおもちゃを欲しがったお友達が、○○ちゃんを叩いてしまいました 』

×NG 『 ××ちゃんに叩かれたんです 』

解説 トラブルの経緯を明確に伝えます。その際、加害者となった子どもの名前をだすのは避けましょう。

No.216 トラブルの報告②

『 相手のお子さんに指導し、本人もとても反省しています。○○ちゃんにも謝ることができました 』

×NG 『 とりあえず謝らせました 』

解説 トラブルをどのように収めたか、また子どもがどのように納得したかをていねいに説明しましょう。

No.217 トラブルの報告③

『 今回のことは園の責任ですので、なにかありましたら、私どもに教えてください 』

×NG 『 当事者同士で解決してください 』

解説 子どもに責任を押しつけず、園の責任であることを認め、保護者の怒りが加害者に向かないようにします。

相手の状態によって
個別の対応を

園でのトラブル③
友達を叩いた

子ども同士のトラブルの場合、子ども（加害者）の保護者には、どのような経緯でトラブルが起こり、相手にどのようなことをしたのかを説明します。また、園で子どもに十分に注意したことと本人が反省していることを伝え、厳しく叱らないようにお願いしましょう。

被害を受けた側の保護者に相手の名前を教えていない場合は、加害者側にも相手の名前を伝えないようにします。ただし、子どもが話してしまったときには、状況に応じた判断が必要です。大きなけがを負わせたときには相手の名前を伝え、保育士とともに相手の保護者に謝罪することもあります。

保護者の様子		保育士の対応
1 子どもがどんなトラブルを起こしたのかを知りたい。	➡	**1** トラブルの経緯を正しく伝える。
2 相手の子どもと保護者に謝罪したい。	➡	**2** 基本的に相手の名前は教えない。
3 帰宅したら、子どもを厳しく叱ろうと思っている。	➡	**3** 園で十分に注意しているので、家では叱らないようにお願いする。

保育のコミュニケーションの基本

1 基本の言葉かけ

2 子どもへの声かけ

3 子どものことを伝える

4 保護者とめ対応

5 保護者からの相談

6 困ったときの対応

7 スタッフへの言葉かけ

No.218 トラブルの報告①

「 お友達が遊んでいたおもちゃを欲しくなったのか、お友達を叩いてしまったのです 」

✕NG「 ○○ちゃんが××ちゃんを叩いたんですよね 」

解説 トラブルの経緯を説明するときには、被害を受けた側の子どもの名前は教えないようにします。

No.219 トラブルの報告②

「 ○○ちゃんは反省していて、お友達にも「ごめんね」とちゃんと謝ることができました 」

✕NG「 とりあえず謝らせました 」

解説 保護者を安心させるためにも、子どもの間ではトラブルが解決できていることを伝えましょう。

No.220 トラブルの報告③

「 私どもから十分に指導を行いましたので、お母さんはあまり怒らないであげてください 」

✕NG「 家でも十分に叱ってください 」

解説 園で子どもを叱ったり指導したのであれば、家では叱らないように伝えましょう。

CHAPTER
6-6
困ったとき
の対応

保育士としての
スタンスを保つ

プライベートの話・セクハラ

　保護者と親しくなると、プライベートに踏み込んだ話をされることがあります。相手が親しげに接してきても、保育士としてのスタンスは崩さず、うまく聞き流すようにしましょう。また、特定の保護者と個人的に連絡先を交換するのは避けましょう。

　異性の保護者やスタッフに体を触れられたときには、すぐに「やめてください」と拒否して問題ありません。笑ってごまかしたり、やさしい言葉で注意をしても、「よろこんでいる」と勘違いされてしまい、セクハラがエスカレートすることがあります。また、相手がセクハラと思っていなくても、あなたがセクハラだと感じたらセクハラに該当することを覚えておきましょう。

保護者の様子		保育士の対応
1　保育士が結婚していないことを気にしている。	➡	1　「時期が来たら考えます」と、話をサラッと流す。
2　保育士と親しくなったので、いっしょに食事に行きたい。	➡	2　「園で禁止されているので」と断る。
3　いたずら感覚でセクハラをしてくる。	➡	3　拒否の態度を毅然と示す。

保育のコミュニケーションお手本

1 基本の言葉がけ

2 子どもへの声かけ

3 子どものことを伝える

4 保護者との対応

5 保護者からの声がけ

6 困ったときの対応

7 スタッフへの言葉がけ

No.221 「結婚しないの?」と言われたとき

『 よい時期が来たら考えるつもりです 』

✕NG 『 プライベートのことに口だししないでください 』

解説 プライベートにかかわる話には、それ以上話が進まないような返答をして、受け流しましょう。

No.222 「飲みに行こう」と誘われたとき

『 お誘いはありがたいですが、お子さんが卒業してからにしてくださいね 』

✕NG 誘いに乗ってしまう。

解説 在園中の子どもの保護者との個人的な付き合いは、基本的にNGです。「お子さんが卒業したらOK」と言えば角が立ちません。

No.223 個人的にプレゼントを贈られたとき

『 お気持ちはうれしいですが、プレゼントは受け取れないことになっているんです 』

✕NG プレゼントを受け取ってしまう。

解説 保育士が個人的なプレゼントを受け取ることは、多くの園で禁止されています。感謝の気持ちを表したうえで、ていねいに断りましょう。

No.224 セクハラへの対応①

「（きっぱりと）やめてください」

×NG「（愛想笑いをしながら）ダメですよ」

解説 セクハラを受けたら、即座に拒否をしましょう。愛想笑いをすると、「よろこんでいる」と誤解されます。

No.225 セクハラへの対応②

「そのようなことをされるのは、不愉快です」

×NG「そんなことしないでくださいよ〜」

解説 不快であることをはっきりと伝えます。相手がセクハラと思っていなくても、あなたが不快であればセクハラです。

No.226 セクハラへの対応③

「このようなことは、二度としないでいただけますか」

×NG 笑ってごまかす。

解説 セクハラが不快であることと、相手に止めてほしいことをきっぱり伝えましょう。

保育のコミュニケーションの基本
1 はじめの言葉がけ
2 子どもへの声がけ
3 子どものことを伝える
4 保護者との対話
5 家庭者からの相談
6 困ったときの対応
7 スケジュールへの言葉がけ

No.227 セクハラへの対応④

『 そのような言葉を聞くのは、とても残念です 』

×NG 「なに言ってるんですか〜」と言って笑う。

解説 セクシャルな発言もセクハラのひとつです。「触られたわけではないので」とがまんせず、拒否の気持ちを伝えましょう。

プライベートで保護者とかかわるべきか

　保護者と親しくなると、プライベートでのかかわりを求められることがあります。しかし、園によっては園外での保護者との接触を禁止しているところもあります。保育士は、子どもを預かる保育のプロとしての姿勢を崩さず、保護者と接するようにしましょう。

保護者対応で避けるべきこと

● 個人的に連絡先を教える
● 特定の子どものお誕生会や発表会に出席する
● 一部の保護者との食事会や飲み会に参加する
● 個人のものを貸し借りする

上記のことを保護者から求められたときは、ていねいに断りましょう。

園の規則で禁止されているので、申し訳ありません。

ベテラン保育士の
言葉がけの落とし穴

　保育士として経験を積むと保育のスキルも上がり、保護者の
ニーズに応える能力もついてきます。しかし、経験があるという
自信ゆえに、「私が教えてあげないと」「こういう保護者にはビシ
ッと言ったほうがいい」などと決めつけてしまうことがあります。
保育士はあくまで保護者の子育てのサポーターであることを忘
れず、常に保護者の考えや気持ちを尊重した言葉がけを行いま
しょう。

　また、ベテランになると新人保育士のフォローなどもあり、多
忙さから保護者からの伝言をうっかり忘れるケースもあります。
過信せず、保護者からの伝達は必ずメモをとるようにしましょう。

ベテラン保育士が気をつけたい発言

決めつけ
✘「○○ちゃんのようなタイプは、××したほうがいいです」

プライベートに踏み込む
✘「お姑さんとうまくいってないんじゃないですか?」

押し付け
✘「子育てのことは、私が教えてあげます」

保護者の要望を無視する
✘「当園ではこうやると決めているんです」

スタッフへの
言葉がけ

スタッフ間の信頼関係は、
保育の質に反映されます。
そしてそれが、あなたの仕事を
充実させることにもつながります。

礼儀を忘れない
言葉遣いを

同僚

スタッフ同士の会話は園児はもちろん、保護者にも聞かれています。そのことを意識して、同僚とのコミュニケーションには気をつけましょう。乱暴な言葉遣いはせず、無駄なおしゃべりは極力避けるようにします。

また、同僚という親しい間柄であっても、礼儀を忘れてはいけません。あいさつはもちろん、感謝やねぎらいの言葉が円滑なコミュニケーションには必要です。

スタッフ間の噂話や悪口を耳にした場合は、意識的に話に加わらないようにしましょう。その話を聞いているだけでも同意していると思われてしまうことがあるため、注意が必要です。

同僚の様子	保育士の対応
1 いつも親しげに接してくれる。	**1** 親しくても、正しい言葉遣いで話す。
2 同僚として気をつかってくれている。	**2** 感謝とねぎらいの言葉を忘れない。
3 忙しそうにしている。	**3** 「手伝えることはありますか?」と声をかける。

保育のコミュニケーションの基本

1 基本の言葉がけ

2 子どもへの言葉がけ

3 子どものことを伝える

4 保護者との対話

5 保護者からの相談

6 困ったときの対応

7 スタッフへの言葉がけ

No.228 退勤するとき

「 お先に失礼します 」

×NG「 早めに帰ります 」

解説 退勤時、残って仕事をしている人がいたら「何かお手伝いできることは
ありますか？」と告げ、なければあいさつをして帰ります。

No.229 遅刻したとき

「 遅刻してしまい、申し訳ありません。電車が遅延しておりました 」

×NG「 遅れました 」

解説 まずは遅刻したことを謝罪し、遅刻の理由を簡潔に伝えましょう。

No.230 感謝する①

「 フォローしていただき、ありがとうございます 」

×NG「 すみません 」

解説 手助けへのお礼の言葉です。「すみません」は目上の人への感謝の言葉
としては不適切です。

No.231 感謝する②

「 お気づかいいただき、ありがとうございます 」

×NG 「 どうも 」

解説 同僚として親しい間柄であったとしても、お世話になったときにはていねいに感謝の気持ちを伝えましょう。

No.232 感謝する③

「 おかげで助かりました 」

×NG 感謝の言葉を口にしない。

解説 「おかげさま」は相手の親切に感謝を伝える言葉です。「おかげさまで元気です」のように、謙遜の意味でも使います。

No.233 忙しそうな同僚に

「 お手伝いできることはありませんか? 」

×NG 気に留めず、声をかけない。

解説 自分の仕事が終わって手があいたときは、ほかのスタッフの仕事を積極的に手伝いましょう。

保育のコミュニケーションの基本

1 基本の言葉がけ

2 子どもへの声がけ

3 子どものことを伝える

4 保護者との対話

5 保護者からの相談

6 困ったときの対応

7 スタッフへの言葉がけ

No.234 噂や悪口を耳にしたとき

「 そうなんですか（それ以上の反応はしない）」

✕NG 話に乗ってしまう。

解説 噂話や悪口には参加しないことが原則です。軽くあいづちを打って受け流しましょう。

「チーム保育」を知ろう

　多くの保育園では、1つのクラスを1人の保育士が担当しています。しかし現在、複数のクラスを複数の保育士が担当する「チーム保育」が注目を集めています。チーム保育はスウェーデンなど多くの国で取り入れられつつある保育方法で、日本でもいくつかの保育園が導入しています。

　チーム保育では、担任の保育士たちがリーダー、サブリーダー、アシスタントの3つの役割に分けられ、それぞれをローテーションで担当するのが特徴です。

チーム保育のメリット

●複数の保育士で役割を分担できるため、仕事の負担が減ります。

●多くの保育士で見守ることができるため、子どもたちの活動の安全性が増します。

●3つの役割をこなすことで、自分がどんなタイプの保育士かがわかるようになります。

CHAPTER
7-2
スタッフへの言葉がけ

敬意をもった言葉遣いを

上司・先輩

上司や先輩には、敬意を含めたコミュニケーションを心がけましょう。仕事上の役割・肩書きだけでなく、年齢も上であることが多いため、馴れ馴れしい言葉遣いは避け、ていねいな話し方を意識します。また、尊敬の気持ちを伝えるときに、わざとらしい「おべっか」を使う必要はありません。「○○さんのおかげで助かります」など、上司・先輩の存在が自分にとってどんな存在であるかを伝えるとよいでしょう。

注意・指導されたときには、謙虚に反省することが大切です。自分を否定されたとは思わず、「なぜ注意されたのか」「なにを伝えようとしているのか」を冷静に考えるようにしましょう。

上司・先輩の様子		保育士の対応
1 指導したことを身につけてほしい。	➡	**1** 指導への感謝の気持ちを伝える。
2 注意したことを反省してほしい。	➡	**2** 反省していることを、言葉と態度で示す。
3 いっしょに心地よく仕事がしたい。	➡	**3** 上司や先輩の存在が支えになっていることを伝える。

保育の コミュニケーション の基本

1 基本の 言葉がけ

2 子どもへの 言葉がけ

3 子どものこと を伝える

4 保護者との 対話

5 保護者からの 相談

6 困ったときの 対応

7 スタッフへの 言葉がけ

No.235 感謝や尊敬の気持ちを伝える①

『 たいへん勉強になりました 』

×NG 『 ○○さん、すごーい！ 』

解説 上司や先輩の仕事ぶりを目にして、感嘆せずにはいられない気持ちを伝える言葉です。

No.236 感謝や尊敬の気持ちを伝える②

『 ありがとうございます。心強いです 』

×NG 『 ○○さんにはなんでも任せちゃいます 』

解説 上司・先輩と仕事をするときには、いっしょに仕事をするよろこびと安心感を伝えましょう。

No.237 感謝や尊敬の気持ちを伝える③

『 ご一緒できれば、私も安心です 』

×NG 『 ○○さん、ヤバいですね 』

解説 上司や先輩に対し、仕事の面で尊敬・信頼していることを伝える言葉です。

No.238 注意されたとき①

「申し訳ありませんでした。以後、気をつけます」

✕NG 反論をする。

解説 上司や先輩から注意されたときには反論や言い訳はせず、素直に反省する姿勢を示すことが大切です。

No.239 注意されたとき②

「今後はどのようにすべきか、アドバイスをいただけませんか?」

✕NG 「わかってますよ」

解説 ミスをしたら、くり返さないための対策を考える必要があります。教えられていないことは、積極的に質問しましょう。

No.240 的外れな注意に対して①

「ありがとうございます。検討してみます」

✕NG ふてくされて無視する。

解説 たとえ明らかに間違った指摘であっても、注意に対する感謝だけを伝えて、反論しないこともときには大切です。

No.241 的外れな注意に対して②

『 お言葉を返すようですが 』

✕NG 『 それって違うんじゃないですか？ 』

解説 注意に対して反論したいときに、必要以上に角を立てないようにするためのクッション言葉です。

No.242 的外れな注意に対して③

『 恐れ入りますが、その内容に間違いはありませんか？ 』

✕NG 『 勘違いしないでくださいよ 』

解説 最後まで注意を聞き、それでも納得できない場合には、自分の考えを客観的に伝えましょう。

No.243 「あなたには無理ね」と先輩に仕事を代わられたとき

『 申し訳ありませんが、よろしくお願いします 』

✕NG 『 そんなことないですよ 』

解説 「自分にはできる」と思っていても、上司・先輩から見れば難しいと判断されることもあります。その場合は素直に委ねましょう。

前向きな姿勢を
示して指導

後輩

　後輩を指導するときには、前向きな姿勢を示すことが大切です。相手の得意なことを褒めたうえで、「見ているからね」「自信をもって」と、サポートの気持ちをこめた言葉がけをしましょう。

　注意をする場合には、その人の人格を否定したり、「どうして失敗したの？」と詰問してしまうと、相手が委縮してしまいます。あくまでその人の行為だけを注意し、今後どうするべきかを示せば、注意の内容を今後の業務に活かせるようになります。また、注意の言葉は、ポイントを明確にして簡潔に伝えましょう。

　励ますときには「いっしょにがんばろう」と、ともに成長できる仲間であることを伝える言葉がけをしましょう。

後輩の様子		保育士の対応
1 経験が浅く、仕事に自信がない。	➡	**1** サポートする気持ちを伝え、積極的に仕事に取り組めるようにする。
2 ミスを先輩に注意されるのが怖い。	➡	**2** 人格否定や詰問口調を避ける。
3 ミスをして落ち込んでいる。	➡	**3** 自信がもてるように、「いっしょにがんばろう」と伝える。

保育のコミュニケーションの基本

1 基本の言葉かけ

2 子どもへの声かけ

3 子どものことを伝える

4 保護者との対話

5 保護者からの相談

6 困ったときの対応

7 スタッフへの言葉がけ

No.244 後輩を励ます①

「 いっしょにがんばるから、大丈夫ですよ 」

×NG 「 見てるから、さっさとやってよ 」

解説 経験の浅い後輩にとって、自信のないときに励ましてくれる先輩の存在は、とても心強いものです。

No.245 後輩を励ます②

「 努力してたよね。だから自信をもってやってみましょう 」

×NG 「 ビビらないでよ 」

解説 努力していたことを認めてあげることがその人の自信につながり、仕事への意欲とチャレンジする勇気も生まれます。

No.246 後輩を励ます③

「 あなたならきっとできます 」

×NG 「 やればできるんでしょう？ 」

解説 励ますときには「できるかもね」などのあいまいな表現は使わず、「できる」「やれる」と言い切りましょう。

No.247 後輩を励ます④

「 あなたには、乗り越える力があると信じています 」

✕NG 「 そんなことでヘコまないでよ 」

解説 ミスをして落ち込んでいる後輩には適切な注意をした後に、今後に期待する言葉を伝えましょう。

No.248 注意・指摘する①

「 調子がよくなさそうだけど、なにかあったの？ 」

✕NG 「 ぜんぜんダメじゃない 」

解説 その人自身を否定するのではなく、「今は調子が悪いのでは？」と指摘することで、後輩の本音を引きだすことができます。

No.249 注意・指摘する②

「 あえて言うとすれば、××してしまう傾向があるよね 」

✕NG 「 なんでそういうことをするの？ 」

解説 はっきりと注意するのではなく、「あえて言うなら」を添えることで厳しい指摘も言いやすくなります。

注意・指摘する③

『 確認だけど、そろそろ××をする時間じゃないですか？』

✕NG 『 さっさとやれば？』

解説 何度も同じ注意をすることがはばかられるとき、「念のために言っている」という前提をさりげなく伝える言葉です。

指導とパワハラの違いとは

後輩の指導で、つい口調がきつくなったり、感情をあらわにしてしまったことはありませんか？　そんなとき「それってパワハラですよ」と指摘されることがあるかもしれません。下記は『パワー・ハラスメント防止ハンドブック』（作成：人事院）に記載されている、パワハラと指導の違いです。

	パワハラ	指導
目的	・相手を馬鹿にする、排除する ・自分の目的の達成（自分の思いどおりにしたい）	・相手の成長を促す
業務上の必要性	・業務上の必要性がない （個人生活、人格を否定する） ・業務上の必要性があっても不適切な内容や量	・仕事上必要性がある、または健全な職場環境を維持するために必要なこと
態度	・威圧的、攻撃的、否定的、批判的	・肯定的、受容的、見守る、自然体
タイミング	・過去のことをくり返す ・相手の状況や立場を考えない	・タイムリーにその場で ・受け入れ準備ができているときに
だれの利益か	・組織や自分の利益優先 （自分の気持ちや都合が中心）	・組織にも相手にも利益が得られる
自分の感情	・イライラ、怒り、嘲笑、冷徹、不安、嫌悪感	・好意、おだやか、きりっとした
結果	・部下が委縮する　・職場がギスギスする ・退職者が多くなる	・部下が責任をもって発言、行動する ・職場に活気がある

おわりに

　保育士の「言葉がけ」は、子どもや保護者との信頼関係を築く上で重要ですが、このほかに、どのような点で重要となるか、以下に説明いたします。

　保育士がかける言葉によって、子どもは自分に自信をもち様々な能力を伸ばすことができます。その一方で、子どもの心を傷つけ自信喪失に追い込んでしまうこともあります。

　保育士の言葉は、子どもにとって影響が大きく繊細なものです。ですから、保育士は感受性の豊かな子どもに対して、どのような言葉を使いどのように声をかければよいのか、細心の注意を払う必要があります。

　「言葉がけ」のコツは子どもを認めること、褒めること、感謝の気持ちを伝えることです。言葉を選んで、子どもの自己肯定感、前向きな姿勢を育ててまいりましょう！　本書では、子どもたちによい影響をもたらす言葉がけのポイントや、避けるべき言葉がけなど、言葉がけについて徹底的に解説をしています。

　保育士の役割には、「保護者に対する子育て支援」が

あります。具体的には、保護者が子育てに悩んだ際に保育士が相談援助をすることです。保護者は、信頼している保育士には、かなり深刻な問題も心を開いて相談します。

　保育士の相談援助活動の中で、相談者である保護者に対して何か不用意な発言が１つでもあれば、保育士と保護者の信頼関係は一瞬にして崩れてしまいます。そして、その悪影響は、すべて子どもに及ぶことになります。本書では、保育士の相談援助活動においても、具体的場面を想定して事例を紹介していますので参考にしてみてください。

　どのような保育活動も、言葉を介して行われます。本書を手にされた保育士の皆さまには、この機会に「言葉がけ」というスキルを身に付けて、子どもと保護者の心に寄り添った保育を実践していただきたいと願うばかりです。

木梨美奈子

監修

きなし みなこ
木梨美奈子

東京福祉専門学校、東京福祉大学などの講師を経て、現在、LEC東京リーガルマインドの保育士試験講座、日本保健医療大学で看護学科、理学療法学科の「社会福祉学」の講師として教鞭をとっている。東京音楽大学声楽科を卒業後、保育士養成分野では音楽理論、音楽実技を指導。その後、慶應義塾大学法学部卒業後は、大手資格スクールで保育士国家試験科目「社会福祉」「子ども家庭福祉」などの法令関連の科目を担当。平成12年に自らも保育士国家試験に合格し、現在は全科目の試験対策講座を担当。試験の傾向と対策の分析が的確であり、毎年多くの保育士試験合格者を輩出している。また、現役の保育士・幼稚園教諭のために、研修プログラムの作成・監修、講演会の仕事にも積極的に取り組んでいる。

STAFF

編集協力
引田光江（グループONES）
三浦由子

カバーデザイン
橘　奈緒

DTP
大島歌織

イラスト
イイノスズ

編集
渡部まどか（つちや書店）

保育で使える言葉がけ
シーン別実例250

監　修　　木梨美奈子
発行者　　佐藤　秀
発行所　　株式会社つちや書店

〒113‐0023　東京都文京区向丘1-8-13
TEL 03-3816-2071　FAX 03-3816-2072
E-mail info@tsuchiyashoten.co.jp

印刷・製本　　日経印刷株式会社